Hauptprobleme
der Philosophie

"十二五"国家重点图书出版规划项目

西美尔作品系列

哲学的主要问题

〔德〕格奥尔格·西美尔 著

钱敏汝 译

北京师范大学出版集团
BEIJING NORMAL UNIVERSITY PUBLISHING GROUP
北京师范大学出版社

目　录

引　言

人们曾把对艺术的理解解释为，观看者以某种方式重复着艺术家的创造过程。犹如这件伟大的艺术品能够真正令人感觉到它的形成便成为其顶峰的生命发出的整个光束，并以此方式几乎是将艺术创造的浓缩和升华过程移入我们的内心那样，伟大的哲学思想也同样是一个包罗万象的生命之最精纯的结果，那种思想促使我们再度体验这个生命，直到它融入那种思想本身。但正如出于内心对艺术品的再创造的理解而回报了一种长期对艺术的专心致志的追求一样，哲学体系中抽象和僵硬的概念也同样只向长期关心它们并激励它们深化的洞察力开放它们内在的激情和它们所容纳的对世界的广博感受。这种对哲学的理解出自其活力体现为概念的结晶形式的内心过程，叙述哲学史以促进对哲学的**这种**理解，假如我没有弄错的话，并没有时时被作为问题提出来；哲学史所叙述的只是思维

结果中的那些最终和最尖锐的部分，它们在逻辑上封闭的形式结构与创作过程之生气勃勃、经久不息的思绪潮流相距遥远之极。思维过程的结果几乎是停留在它们本身的层次上，以此为宗旨来进行描述的这种权利至今未受任何触动，鉴于这种情况，我认为确实有理由来尝试倡导另一种理解，这种理解更直接地面向精神活动，而不是面向此活动塑造的构成物，它更多地关注精神的创制过程，而不是关注最终的构成物，这种理解至今从总体上来看，只是哲学家在面对哲学家时才具有，因为它本身的创造性需要那种内心再度创造的感官作为前提条件，并且对其进行陶冶。

在此，我欲通过阐述和思考历史上出现的一些主要问题和解决问题的尝试，来履行促进专家圈子之外的这种内心的、共同体验的、重新感受创作条件的理解的使命，并且是在某种虚构的基础之上。我阐述这些重大哲学论断的种种图像想采取的这种方式，即如同它们出现在一个正在寻求解决这些问题的哲学家面前一样，他为此目标而回顾和思考已有的解决方案。这类做法的用意本来并不是一种历史性的，而是一种业务性的，即并不是说这个问题对这个哲学家而言不重要，原因是柏拉图和黑格尔已经论述过它。柏拉图和黑格尔对他来说很重要，因为他们论述过这个问题。因此，在他思想活动的长流中，他们的学说在某种程度上只是作为一些已极为成型的思潮出现的，而没有以自身为目的地来中断它的连续性。这些学说现在只是他本人思想发展道路上的中间站，所以丢弃了有系统的形式，这种形式呆板的封闭性是如此频繁地阻碍着对它内部的生命的深入探究，而且它作为生命最短暂的外壳反正也得不到思想史发展的承认。因此，最容易做到的就是自己的精神活动能够临摹出流传下来的思想的种种轮廓，并且能够倾注进这种思想中去，无此倾注和领会，这种思想最终会被束之高阁。源自这种虚构的阐述，我并未超越，而且没对这些问题提出我自己的解决方案，其难以避免的片面性会违背我在此提出的使命的客观性。

第一章　论哲学的本质

　　如果人们寻求通往聚集哲学这个概念的大批思想的入口，从精神世界的某一个本身并不属于哲学领域的地方出发来对这个概念下一个定义的话，就我们认识的现有结构来看，这个需要是无法满足的。因为什么是哲学，实际上只有在哲学内部，只有用它的概念和手段才能确定：可以说，它本身就是它的第一个问题。或许没有其他任何一门科学是把自己的论题以这种方式回转到它自己的本质的。物理的对象并不是物理科学本身，而是例如光学和电的现象；语文学研究的问题是普劳图斯（Plautus）①的手稿和盎格鲁-撒逊语中"格"的发展，但是语文学是不研究哲学的，哲学，或许惟独研究它，在这个自身特有的圈子里打

_____

　　①　普劳图斯（Plautus，约公元前254—前187），古罗马喜剧作家。——译注

转：在它自己的思维方式、自己的意图之内来确定此思维方式和意图的种种前提。外部没有通向它的概念的入口，因为只有哲学本身能够确定何为哲学，甚至，它究竟是否名副其实或者盛名之下其实难副。

哲学的这一独特表现是它作出根本性的努力的结果，或者可能只是这种努力的表达：毫无前提地去思维。如同人天生就根本不能够完完全全"从头开始"，如同他在自身之内和自身之外总是为他的表现提供一种素材、一个出发点，或者至少一种仇视的和必须毁灭的东西的一个真实状态，或者一个过去状态——我们的认识也是由任何一个"已发现的事物"，由种种现实或者内部法则所决定的；我们认识的内容和方向在其自主权受到多种多样限制的情况下，依赖于思维过程本身不能创造的这些事物——无论只是逻辑和方法的规则，还是存在着一个世界的事实都是如此。于是，在思维仍然试图让自己超然于种种前提的地方，它便开始推究哲理。不过，在十分极端的意义上进行这种尝试是罕见的。一般较为常见的是致力于获得一个独立于任何**个别**前提的认识印象：独立于对感性世界的直接印象或者因袭的道德评价，独立于经验不言而喻的有效性或者诸神权同样不言而喻的现实性。然而，即便是受到这样的限制，哲学的无前提与其他领域的无前提也由于同样悬而未决的主要观点而有别：思维的这种自我归属，即它的这种不受任何外界事物约束的结果，超越出瞬息间的个别现象，涉及到认识的，甚至生命的**全部**。完全的无前提却是难以达到的。在认识的起始之处，某些东西就已经成为前提，它或者作为一种不明的、不能驾驭的事物让我们恐惧，或者反过来成为我们在认识的相对性、流动性和独具自身的状态中的一个支撑点。因此，绝对无前提虽然是哲学思维一种方向明确的，但却无法是实现的目标，而无前提状况在其他知识领域里**从一开始**就只具有一种相对的程度。这在哲学发展成认识论的地方具有更深刻的意义，即哲学此时在寻觅和承认着认识的种种前提，况且是哲学认识本身的那些前提，或者正是以此方式将这些位于它外部的事物吸纳进它的管辖范围，即它的认识形式之中。

这种出现在哲学概念中的无前提状况，即哲学之思维过程的这种内部的独立自主性，所具有的那种结果也就可想而知：它用自己的办法确定自己的问题，即它的对象、它的目的和方法的探讨只能够在它本身的范围内进行。而这种结果在其自身方面又有一种更加重大的后果。以比其他认识领域保持与已有事物的更大独立性来自行确定自己对象的这种哲学的权利和职责所导致出现的情况是，各种不同的哲学理论也以各种在原则上不同的论题为出发点。在其他任何一门科学中，都存在着一个普遍在原则上得到承认的认识目的，可以说，它在一个更高的层次上才分解为各种各样的特殊任务。惟独在哲学中，每个富有独到见地的思想家不仅决定他想作出什么回答，而且还决定他想提出什么问题——不是仅在那种特定任务的意义上提问题，而是为了与哲学的概念相符，决定他到底应该提出什么问题。例如伊壁鸠鲁（Epicurus）①就将这个概念的涵义确定为通过原因和思考实现一种心满意足的生活而作出的努力，叔本华（Schopenhauer）②则将此概念确定为通过表象到达非表象的事物，即到达其他科学研究的经验性现象之外的彼岸；对于中世纪来说，哲学是神学的婢女，为宗教真理提供了理据，对于康德主义来说，哲学是理性的自我反省；哲学一方面在纯伦理上被定义为对人的实际生活理想具有重要性的事物的探讨，而在别的地方又被确定为是对世界观的一种逻辑处理，目的是要克服世界观原有的种种矛盾。从哲学确立的这些不胜枚举的、五花八门的目标中产生出的结果显然是：各位哲学家从一开始就按照他想给予的**回答**提出表面上完全一般性的、在所有的回答面前尚不偏不倚的问题。哲学思维的那种个性品格阻止确立一个**一般的**、从思维活动内部的自我中心状态中摆脱出来的认识目标。几乎可以这样说，有独到见地的思维在哲学上的创造性是如此内在统一的东西，那么一种自成一体的存在作出的才识卓异的

---

① 伊壁鸠鲁（Epicurus，约公元前 341—前 270），古希腊哲学家。——译注

② 叔本华（Schopenhauer，Arthur，1788—1860），德国哲学家。——译注

表达，就使问题和回答仅仅意味着思维意象的一种事后的分离。在这里至少要在比其他领域中低得多的程度上，问题是一个共同的问题，解决办法是一个特别的解决办法；更为多见的情况是，如果解决办法应该每次各是一个特定的解决办法的话，那么从一开始，问题就只以这种特定的、尖锐地集中针对该问题的方式提出来。

如果每个定义只是对独特的哲学家的独特的哲学有效的话，那还剩下什么来维持如此各行其是追求的共同名称呢？为了在此能够找到一个答案，或许这个问题必须从其迄今面对的方向调转过来。只要哲学的目的和内容还在确定它的种种定义，那么它的整个领域就似乎没有一个总名目；但是这个总名目也可能存在于诸哲学家本身的表现之中，并不是存在于它们思维的结果之中，而是存在于一个基本条件之中，所有那些在其分门别类状态中无法再汇集一处的结果都能够在此基本条件之下获得。这就是哲学家自身的一种形式上的内在秉性，它不被认为是心理上的"生活情调"，而是一切哲理推究在业务上的，即便仅仅是在成为心灵现实的状态下才起作用的条件。人们可以把哲学家称作对于存在的整体具有接受性的和反应性的感官的人。人一般——这是生活实践所致——总是关注某些琐事；不究它们的巨细：日常的生计或者教会的信条，一件风流韵事或者化学元素周期的发现——总归是些琐事在激发思索、兴趣、活动。但是哲学家却对万物和生命的整体有一种感觉，并且，只要他富有创造力，就有把这种内心的观察或者这种对整体的感觉转化成概念及其联结形式的能力。当然，他并不需要总是去谈论整体，甚至在精确的意义上他也许根本做不到这一步；但是无论他处理哪些逻辑的或者道德的，美学的或者宗教的专门问题，他作为哲学家，只是在与全部存在的那种关系以某种方式出现在这些问题中时，才去做此事。

当然，此在的整体在真正的意义上是任何人都无法通达的，并且也不能对任何人产生作用。它必须单单用已有的事实片断才能被制造出来——如果人们愿意的话：作为"理念"或者也仅是作为向往，这样才能引发哲学思辨悟性的反应。当然如此一来，一张永远也无法全额兑付的"汇票"也就贴了现。不过，用客观现实的片断来以哲学的方式制造一个客观的总体，并在这样制造出的构成物的基础上继续构造，只是一种普通方法的最高升华。这正如历史学家从流传下来的断编残简中领悟出一种特性的整体，将此作为他自己的描述的基础；甚至，即使最完整的传世之物在这里也不**能够**含有那种对全部本质的内心观察，而是这样的内心观察始终是一种奇特的能量之自发的行动，即使它是由外部的琐事激发和引导的，为让这种能量有个名字，我们可以称之为心灵的总合能力。这一能力超然于任何分野，全然成为一切哲理推究的共同前提，尽管它向着个性的——已经在哲学的那些定义中表达出它们个性的——构成物发展。

目前已有两种原则性的尝试仍然在用一种比较现实的方法去把握存在的整体，并且——虽然这两种尝试受以下的意识和意图的影响甚微——让大家明白，哲学家受到这种整体某种方式的触动，发挥才智来进行解答。一种尝试是神秘主义的道路，另一种尝试是康德的道路。我暂且不讨论神秘主义是否能够毫无保留地被列入哲学，在此我把爱克哈特（Eckhart）①的神秘主义作为代表；或许神秘主义是一个独立的精神构成物，超然于科学和宗教。但是爱克哈特的推测可以说是在一般人性的一个最纵深处活动着，以至于哲学可以将他的种种动机毫无困难地改编成它的形式。为了我们现在的目的，他的诸多思想必须归入一个系列，它们所归入的这个系列的第一个部分是万物都绝对地包容于上帝一身；这样看来，它们全都是**同一**物体，各自本无个性可言，只是通过爱克哈特用神秘的符号来指称的事件：永恒的上帝生了儿子，事物才**生成**为多种多样的。但是究其根源和实体，它们乃是神灵。上帝流溢到他创造的万物之中，因此，所造的万物便是上帝；假如上帝离去片刻，那么万物就会毁灭。这一神圣之物完完全全是个统一体——包罗万物的上帝，它"既非此也非彼"，而是"单而纯地融于一

---

① 爱克哈特（Eckhart，约 1260—约 1327），中世纪德意志神学家和神秘主义哲学家。——译注

体"。因而，首先是世界的整体被聚集于一点。这倒是给爱克哈特提供了将它导入心灵的可能性。心灵本身虽然有各种各样的能力，但是心灵内有一个中心点，与所造万物的繁多花样无关；爱克哈特称此中心为"小火花"——一种绝对"单而纯之物"；心灵中真正的精神。在这个精神中，上帝直接在说话，甚至，它根本就不再与上帝分离，它与他"合而（不仅）为一"："在这里，上帝的心底就是我的心底，我的心底就是上帝的心底。"我们从这一点可以看到事物的真正本质，因为在上帝这里我们具有它们的统一性，或者更准确地说：我们同在；"我的眼睛和上帝的眼睛是同一双眼睛和同一张脸"。

这里也许极为清楚地道明了宗教和哲学之间历来存在联系的内心最深处的动机。在上帝的表象形成之处，信徒拥有着世界的总体，即便他缺少它的无数具体细节部分。神秘主义试图把心灵的本质集聚于一个终极的、单一的、与神灵的那种统一性不再分离的生命点，力图以此方式使上述情况在一定程度上变得直观易懂。这个动机以截然不同的形式贯穿在所有时代的宗教神秘主义和哲学推测之中：内心最深处的、克服一切繁杂门类的自我冥思苦索也就意味着进入了万物的绝对统一性；据说有一个点，表明上帝理念的这个统一性就在此处，显现为我们自身的本质和统一性。意味着精神与世界总体的一种关系，并在个体和世界的种种衡量尺度面前可能显得不合情理乃至荒诞不经的哲学态度，在此言中包含着一种形而上学的辩解，这一辩解好像是在更深奥的人类生命的所有时期都出现的那种感觉才识卓异地转变了方向：如果我们在自己心灵的根底之处冥思苦索的话，我们就到达了世界的根底之处。

康德哲学的基本主旨从相反的方面提供了一个为那种包含在哲学家的世界感觉中的对万物整体的先知先觉的解释可能性。康德的主要著作并不是以被视为总体的或者被直接经历的此在为自己的对象，而是以凡是成为科学的此在。这就是万物的那种整体按照他的看法所进入的形式，为的是对它的本质和它的条件进行探讨。按照他的观点，世界即现实，只要它是——已经建立的或者可能的——科学的内容；与科学的种种条件不相符的东西，就不是"真实的"。而在沿着康德的道路走向现在谈及的目的地之前，需要对上述情况作一个从很久以前回忆起的追思。

把万物分解成内容和形式，我们很少能够放弃的这种思维的必要性也许不存在，尽管这种必要性中既不带有逻辑的强制，也不带有已明显存在的事实的强制。这种划分作为精神为让不顺从直接统一性的大量此在之物变得顺从而使用的各种组织和灵活性之一，以无数被这样和那样命名的变化形态贯穿在我们的世界观中。在所有具体的内容和多样的形式之上终于出现了一对最高的对立者：世界作为内容，即是在自身内部已确定的，但在直接状态中为我们所不能把握的此在——有个方式却使之能够被把握，即以各种各样的形式对它作出安排，每个这样的形式在原则上都争取把这种此在的整体作为自己的内容。科学和艺术、宗教和在感觉上-内心中对世界的处理、按照一种意义和价值形成的感性认识和万物之间的关联——这些和或许还有其他的东西可以说是世界内容的每个具体的部分能够或应该贯穿于其中的伟大的形式。正如我们拥有了我们的世界那样，它在每个点上都显示出一个内容成分，这个成分被列入这些范畴的其中之一；我们的思索愿意时而在这个范畴下，时而在那个范畴下去看待同一个内容：同一个人能够成为我们认识的和成为艺术塑造的对象，同一个事件能够成为我们内心中命运的瞬间并成为上帝作出的安排的证明，同一个对象能够成为纯感性的印象并成为此在的形而上学构架的要素。每一个这样的伟大形式的意义就在于，将每个的确存在的内容纳入自己的范围；艺术可以根据自己的原则，要求塑造此在的整个领域，认识也同样不能够放过世界的任何部分，对于每个事物都可以探询它在某一个价值系列里的地位，对于每个事物都必须有一个完美的情感生命能够作出反应，等等。即便按照这些形式的理念，每一个形式都能将整个世界翻译为它的语言，真实状态还是不会让它们得到如此充分的发言权。其原因在于，那些形式在任何时候都不会以抽象的纯粹性和绝对的完美性来产生影响，而只是以各种情形下的精神状态给它们留下的局限性和特殊性来发挥作用。我们没有笼而统之的绝对的艺术，我们有的是已出现在时代文化中的种种艺术、艺术手段和风格。正因为这些在今天与昨天、明天都会不同，所以它们只能以艺术方式来安排**某一些**内容，而其他内容在现在可使用的各种艺术塑造形式中找不到栖身之处，但是**基本上**却都可以成为艺术的内容。我们同样也没有绝对的宗教，绝对的宗教会允许赋予每个事物，每个最低微的和最偶然的以及最崇高的事物，一种宗教意义，一种涉及宗教基本主旨的统一性中所有方面的关联；而我们有的只是种种历史性的宗教，它们中的每一个都以宗教的方式渗入世界、心灵、命运的某一个部分，而另外的一部分留在其外部并且脱离宗教的形式。从诸内容的总体中建设一个完整的世界，此乃每一个这类伟大形式的思想权利，这种权利仅仅在历史性的构成物之不可避免的不完美性中得以实现，此构成物只是作为这种构成物才有了活力，携带着发展的所有偶然、适应、落后或者失衡，即个体的片面性，简而言之，携带着受到时代状况约束的现实相对于思想和原则的历史性所显示出的全部特殊性和结果。科学认识的景况也不可能是另外一种样子。概念的形成和积累、整理经验的方式，将感性现实改造成自然规律或者历史景象的做法以及真理和谬误的标准，简而言之，一切把世界的内容变成科学的内容所采用的形式和方法在人类思想史的进程中已经得到发展，并肯定在继续发展着。要实现完全彻底地吸收世界的内容的这个科学的理想，我们缺乏的不仅是能力，即经验性地掌握这些内容、真正将科学的形式运用到万物整体的不可估量状态上的能力，而且我们也达不到这种形式本身真正能够胜任每一个使命的绝对完美程度，因为我们只是在不断修正的、不会终止的，并且对于像人这样的历史-进化之物来说永远也不会终止的各个认识阶段里的种种安排中才拥有它。任何一门当代科学在受到多得无法估计的历史状况条件约束的情况下塑造而成的种种形式也只有能力吸纳此在的整体，这种估计也许与所有的可能性、全部的类比、无数实际的提示相悖。费希特（Fichte）[①]曾说，一个人有一种什么样的哲学，取决于他是一个什么样的人。这句话的有效范围远远超出了哲学，并且远远超出了个人。人类在某一个已知的时刻拥有一种什么样的科学，取决于它在此时此刻是一种什么样的人类；人类存在的不完满性和历史偶然性与人类追求完满的思想是一种什么样的关系，显然，在每个所处时代，对于人类来说，意味着科学的形式和范畴与那些能够用来将全部世界内容塑造成科学的形式和范畴之间，就处于一种什么样的关系。

这种看法恰与康德的信念相悖，**在他看来**，现有的科学用来容纳此在的素材的那些基本形式对于此在

[①]　费希特（Fichte，Johann Gottlieb，1762—1814），德国哲学家，也是古典唯心主义的主要代表之一。——译注

的全部内容来说足以够用，并且不顺应任何进化。然而，那个所处时代的立足点也只是以他的立足点为基础才有可能成立，对此他找到了极为概括但也是极为荒谬的说法：大自然的理解力为自己规定了法则。基本主旨是，万物的认识表象不是像核桃被倒入一个口袋那样装进我们的内心，我们作为认识者不是各种感官知觉的被动接受者，就像毫无反应的蜡板被从外部盖上印章而形成纹记那样。而是反之，一切认识都是精神的一种活动。我们所接受的感官印象还不是认识，而且认识内容的总合并不是"大自然"；而是这些印象必须获得形式和联系——形式和联系本不存在于这些印象之中，而恰恰是由进行认识的精神本身施加于印象的。通过这样的方式，感性现象的杂乱无章和全然无序状况从此才形成我们称之为大自然的东西：一种有意义的、可理解的关联，在此关联中，一切事物的千姿百态都显示出一种原则性的、通过各种法则联系在一起的统一性。一旦这些法则与各种已有的事物产生某种关系，它们当然就只通过经验，也就是通过感官的接受力与作出安排的理解力的一种共同作用呈现在我们面前。使多种多样的现象最终构成统一的大自然的那些最一般的规则（例如因果法则）却不是出自那些现象，而是出自精神特有的联系和统一能力。康德称这种能力为理解力，也就是这种理解力为大自然规定了法则，因为正是这些法则——精神本身用于已有的世界内容的那些联系形式——才从已有世界内容中创造出"大自然"。康德学说中广为人知的这个说法更确切的意义是："世界即我的表象"使精神与世界产生一种关系，这种关系将世界的整个领域集于己内，不管世界的各种具体细节部分是怎样无穷无尽。我们只知道万物在我们意识中的样子，即被我们的精神活动塑造成认识对象的那种样子，除此之外，我们对万物绝对一无所知；精神的法则因此而成为万物的法则，我们能够提出的任何认识内容都不能够摆脱按照精神的种种形式塑就的形态。这些对于科学的认识来说可能是完全正确的——只能说这种认识本身的形式恰恰是历史的构成物，因此它们才在任何时候都不完全恰当地吸收世界的全部内容。如果它们的发展真像康德所揣测的那样是完满的，并且按照认识的原则理念是确定无疑的话，那么在人与全部此在之间就会以此方式出现一种精神上的会合可能性。一个单独的、心灵中的存在与此在的无以估量性之间在数量上的失衡，似乎会从根本上促成这种会合并以此从根本上树立哲学态度，这一见解的荒谬性由于康德的如下措辞所表现出的空前勇敢而凸显出来：这种全部的此在拥有自己的、作为认识对象的形式恰恰要归功于心灵的特性。这种此在的内容上的具体细节部分可以说就遗留在世界里，等待着经验来逐步吸收它们；但是从根本上创造出经验和大自然的，正是潜在地包含着已认识世界的整个范围的种种形式——它们存在于精神之中，也只在此中可供使用，并且同时是精神的那些称作"认识"的诸多功能。精神之所以与世界的整体有一种关系，是因为世界的整体是它的产品。

在神秘主义为哲学的行为准则提供理据与从康德的主旨中获得有关理据之间存在着种种奇特的关系。在前者那里，世界的内容在一定程度上聚集于一点，也就是世界内容的差异被看作是非本质性的，只有上帝的存在这一统一性真正地存在着，以至于同样也隶属于这个统一性的心灵在此之中得以直接穿越世界，这个世界可以说是随后才在哲学的思想发展中展现出来。这种看问题的方法有些不顾形式，只有存在的实体和对它的深究才受到关注，而与此同时，真实状态失去了所有的个性，即所有的形式。反之，康德的思考之核心是形式概念。相对于形形色色内容的无限之多，把世界素材组成一个世界的形式的数量真是微乎其微。而对于康德来说，重要的只是认识中的世界，但是认识却只在意识中进行，因此，是意识的种种形式把世界按照一切作为原则而对它产生影响的东西，按照一切使它成为认识的对象的东西预先作出裁决或者纳入自身的范围。哲学对世界整体的把握或者缩减为一种单纯的、毫无形式的实体方式，或者缩减为一种没有内容的形式方式，是可以理解的做法。因为具体的现象，即成形的素材是难以测度的东西，是无限的存在，这种无限性任何思想都不能将其包括在内，对其整体，思想无法通过任何一次接触而得知全貌。只有当精神仅仅把内容或者仅仅把形式抽象化，并以此对此在发起一种塑造性的自发活动时，似乎恰恰通过这种自发活动，精神才找到了通往全部此在的途径。这两种在信念和内容上有着无限差异的世界观之间仍然在当前的问题上存在着相似性，这种相似性显然是基于了解我们自己、了解世界所具有的共同意义。在康德看来，所有构成认识世界的形式都汇聚于一个原创性的、确立标准的中心形式：一种**统一性**。各种各样的表象融合为一个对象、一句话语、一条思路、一种世界观的统一性，它们由此而成为种种客观的认识。为使纵横交错、杂乱无章、纷杂不堪的组变得有序，也就是说，对于一个可理解的世界的塑造原则我们只有一个表达方式：多种多样事物的统一性。此乃我们的认识世界的形式，这种状况一方面取决于意识的形式，另一方面也要靠意识的形式来实现，世界由于意识且为了意识而存在；这个形式便是**统一性**；我的意识的种种形式正是作为**一个**个人秉性，作为一个自我的感受和想法、冲动和痛苦，让我感觉到它们属于我，这个自我在此多样性的每个点上都深知自己那种不会被内容和构成物的不一致性撕裂的同一性；或者反之：这个自我的撕裂感恰恰是通过自己的统一性的存在才可能在某处出现，否则就不会存在撕裂状的内心矛盾，而只是这些内容一种不关痛痒的并存状。我们内心中的自我的这个终极点溶入了世界。换个角度来看，是从这个终极点发出了把世界包容于自身并使世界由此才最终成为一个世界的光束；这个终极点对于我们在这里关注的问题来说有着与爱克哈特所说的"小火花"同样的意义。在两种情况下都是精神绝对的、居中心位置的统一性使精神能够开放地去与此在的整体建立关系。

哲学的基本态度通过这条途径——穿越精神最内在的统一性——得以体现，这使此态度的诸特点作为可以理解的种种结果发展起来。首先是相对于经验性的或者精确认识的客观性来说，用哲学理论的"主观性"这个十分模棱两可的概念来命名的那种特点。理智作出的一种统一反应所涉及的万物的范围越广，理智的个性在这种反应中就越能自由地表达出来；因为理智对决定性成分的或者各成分的基本组合的选择可能会相应地增大，大于一个单独的或者少数几个成分所引起的反应。千差万别的客体不断扩大的范围使得以一种对所有个体都同样有效的方式来作出反应的必要性就越来越接近极限值零：恰恰是人们称之为**世界**观的东西与个人秉性之迥然不同的存在最密切相关；恰恰是看上去包含着完全和纯粹之极的客观性的整体图像，要比任何一个具体细节部分的客观图像更能反映出它的载体的特点。如果人们在谈起艺术时说，它是通过一种激情看到的一种世界观，那么哲学就是通过一种世界观看到的一种激情。奇怪的只是，那种特点在这里并不意味着真正的不可比性，也没有涉及体现出每个人完全与别人不一样的那些要点；因为不仅哲学不像推究哲理的人的数量有那么多，而且有独到见地的、确定世界观的哲学基本主旨的数量也很有限。这些主旨沿着几千年的时光不断重复出现，它们分裂、聚合、变换着色彩并更改着外表。但是它们的数量增加得出奇地慢，与个性、命运、经验和情调的无限多样性相比，人类只能获得与此在相比如此微小的总体观点和统一想法，以至于人们不知道是否应该把这种情况称作人类的一种贫困；或者应该把人类从种种哲学基本观点的这个狭隘区域获得的对那些有着无数细微差别的精神要求的满足，对各式各样的心灵组合体乃至其最独特的个性的孕育，称作人类的财富。但是各种对世界和生活作出的不同反应之微弱数量表明，它们由个性特点所形成的确定性，即它们的"主观性"，在任何情况下都不能意味着一种任意性和一种对主观情绪波动作出的让步，甚至连心理-个体过程的独特性都不是。在这里起作用的是一个涵义深刻的、用传统的概念难以描述的心灵范畴。一方面，想从"其缔造者的人事档案"里探明一种哲学的起源是完全错误的做法。因为人们通常称之为"个性"的东西：气质、人生经历、氛围——恰恰就是哲学家与无数的他人都同有的普遍性，普遍性因此也就无法对他那绝对只能在自己的内心中，而不是在别人的内心中形成的创造加以解释。反过来说，有创造力的人身上具有的惟一独特的个性就是他的作品，或者是专心致志并能够专心致志于这个作品的过程。但是，个人内心中的这个独一无二和不可比较之处同样也成不了他的创造的充分理由，因为对别人来说，他的创造的可理解性和有效性、客观的可想象性，以及它转入无数超越个人的关联的过程都无法随之实现。对此在作出反应的那个心灵载体因此决不是最贴近的个性，而是必须在一个特殊的层面或者这种层面的变化形态中去寻找。但是另一方面，并不是逻辑程式、业务知识及其方法决定了哲学的产生。因为所有这一切对于一个文化时期的思想家来说都会是共有的，而且不会让他们在具体认识中出现矛盾。然而，他们的哲学世界观中仍然出现极为严重的分歧，甚至相互彻底的否定。由此看来，在人的内心中必然还存在着一种第三者的东西，即超然于个人的主观性和普遍令人信服的、逻辑-客观的思维。而这个第三者肯定是哲学的根基，甚至，哲学要求把这样一种第三者的存在作为自己实际存在的前提。人们可以根据它大致的性质，将其称作我们内在**典型**心智的层面。因为典型着实是一个构成物，它既不完全与单独的、现实的个性相同，又未显示出超然于人和人生的客观性。而在我们内心中的确有一些精神能量在起作用，它们的活动内容并不具有主观-个体的本质。同时也并不因此就是对一个相对于主体的客观事物的描摹。因此，我们内心中有一种感觉，常常以很大的直觉把握性，把我们聊以自慰地承认其是我们纯个人和主观的那些信念和情绪与其他那些我们虽然也明白同样提供不了客观证明，但仍指望别人甚或其他所有人都共有的信念和情绪区分开来。仿佛我们的内心之中有一种普遍的东西在说话，那种想法和那种感受从我们体内的一个深邃而有普遍性的、对其内容能够自圆其说的心底迸发出来。或许艺术的温床也在于此。艺术家肯定是出自一种纯粹个人的必要性来进行创作的，以至于面对同一个模特儿，每个艺术家都创作出与所有他人有别的艺术品。然而，这些作品中的每一件——以它们艺术的超卓为前提——都具有人们称之为艺术"真理"的东西和要求普遍得到承认而问世的东西。那种从个人秉性迸发出来的创造性显然是一种**典型**的创造性，独特的造型具有一种超越独特性的有效性，其原因并不在于对象，而是因为寓于创作者本身那个奇特的心灵层面在发话，这种典型人或者一种典型人就是借此层面在个体的现象中产生作用。宗教创造的信念很可能也是以此为基础不断地在扩张。当宗教天才道出其隐秘的内心生活，道出其出自震惊和醒悟的神秘的主观臆断时，他所说的这些尽管无法用一种客观的相反现象来确认自己的合法地位，甚至往往连逻辑准则都不能作为依据，而对于无数他人来说却获得了一种真理的尊严。"'人类的天才'言明所悟之理"这话虽有些夸张，但它却隐含着某种程度上正确的直觉，即有诸多能量在心灵之超越个体的东西之中扎根，或者用一种深奥莫测的方式来代表超越个体的东西，这些能量由此就在个体内并且直接从个体向外发表见解。显示出伟大哲学成就之特点的奇怪共同点是：一种世界观和人生观由一种片面的偏执武断和独特的个人秉性来陈述，并同时确立一种一般人类的、超越个体所必要并在全部生活中获得解释的东西——其前提为，在这里起作用的是一种精神个性的典型，是一个完全只服从自己法则的个人秉性的内在客体。

至此，这也进而让人们认识到，只要哲学的真理概念里包括那些对此在的最终决断和总体反应，这真理概念就与其他科学的概念不同。它描绘出的不是万物的客观性——这是狭义上的那些"科学"的做法，而是人类心智的种种典型，就像它们在某种对事物的理解方式中所体现出来的那种模样。对于哲学的论断来说，问题的关键不在于与一个"对象"的——以某种方式被理解的——一致性，而是这些论断对于哲学的存在本身，对于隐含在此存在之中的人类典型来说是最恰当的表达——无论这种典型表示出概括诸多个人的某一个范畴，还是在某种程度上是存在于一个个人之中的成分。但是，它决不能因此而被理解为一种心理上的宗教信仰，一种自我描述。然后，它完全会像每一种心理学那样，有一个对象，它作为真理或谬误必须与这个对象或者一致，或者不一致。哲学家们的个性并不是他们论断的内容，而是这些论断面向某些客观现实，但是那种个性**在其中表达出来**；具有这种个性的特殊典型的人并不像在其他科学内部那样，从论断本身中消失，而恰好是保留在其中。它不是一个头脑的自我反映，而是刻画一个头脑里的世界——不是按照头脑中主观-偶然的现实，而是符合这种典型人的模样。因为，就像人的精神类别说明了世界观的某些内容和形式那样，生理组织不同于人类的生物会将它们换成其他的内容和形式，所以，这种精神类别的一个个典型也同样要求有那些特殊的色彩、汇编、方向，与此有关的原则便见之于伟大的哲学理论。人们可以把哲学的这种观点总结为一条公式，即哲学的思维使个性的东西成为客观的，并使客观的成为个性的。因为，哲学思维在用一种世界观的语言对世界表达一种个人态度中最最深层和最最终极的东西。所以，它按照那些指示路线和那种总体意义刻画出这种世界观。在这些路线和意义之间进行选择，将永远是人的性格特征和性格典型之间的区别要面临的局面。在这种情况下，极有可能借助于这样的论断将那种总体意义提炼到具有明确性、透彻性和说服力的状态，那种总体意义对其对象来说，却是完全错误的，只要对这些对象从客观-科学的角度，或者，如果人们愿意这样做的话，从一般人类的角度作出判断。甚至，有时候一种学说的这种客观的谬误能够更深刻和更清楚地展示另外那种真理，即关于负载它的精神典型的真理。要表达一种哲学的价值，或许真理因而完全不是很恰当的概念。因为真理总是附着在一个思想产物上，与这个思想产物相对的是一种实际的或者理想的存在，它与这个思想产物以某种方式达到一致便构成了它的真理。但是这个思想产物本身的性质在这里却是决定性的，它作为**存在**而具有它的价值，即根据它直接记录的精神方向、心态的意义以及这种记录本身令人信服的真诚、深刻和明晰。在这里成为最终价值标准的，不是根据对象来断定的这些论断的真理，而是在这些论断中立足并显示出来的这种典型存在，只能由此——的确只能由此才能理解，某些精神到今天还在苏格拉底(Socrates)①和柏拉图，在托马斯·阿奎那(Thomas Aquinas)②和乔尔丹诺·布鲁诺(Giordano Bruno)③那里，在斯宾诺莎(Spinoza)④和莱布尼茨(Leibniz)⑤那里得到了它们与世界的关系的定论和拯救。思想史的发展以可观察到的方式把以对象为方向的真理价值缩减为精神存在的意义，在那些伟大的哲学中，这种精神存在已经被客观化。在它们作为关于事物的客观表现的论断出现的那一刻，重心就自然而然地落到这方面的说服力和批判性上。但是这些逐渐

①　苏格拉底(Socrates，约公元前470—前399)，古希腊哲学家。——译注

②　阿奎那(Aquinas，Thomas v.，1225—1274)，意大利中世纪神学家和经院学家。——译注

③　布鲁诺(Bruno，Giordano，1548—1600)，意大利文艺复兴时期的哲学家，也是思想家、自然科学家和文学家。——译注

④　斯宾诺莎(Spinoza，Benedict de，1632—1677)，荷兰哲学家。——译注

⑤　莱布尼茨(Leibniz，Gottfried Wilhelm，1646—1716)，德国自然科学家、数学家、哲学家。——译注

地变得无关紧要，而表达出一种现实的、客观真理问题不涉及此在的态度的学说所具有的内在意义却固定下来。今天谁还会问，柏拉图的思想学说或者斯多葛派①和斯宾诺莎的泛神论是否"正确"？尼古拉（库萨的）（Nicolaus Cusanus）②把上帝视若"种种对立之叠合"的上帝概念或者费希特提出的创造世界的自我是否"符合事实"，谢林（Schelling）③关于自然和精神的同一性的学说或者叔本华的意志形而上学是否"真"是如此？这一切已经屡屡并有理有据地被"驳倒"；只是在这些"谬误"中留下自己对此在的反应的各种人的典型经过所有的驳斥后幸存下来，并赋予那些学说一种有其特色的不朽意义，这种意义绝对不是从客观的论断的目的地，而是从它的发源地获得将它视为真理的标准。

对存在的印象作出的这种哲学反应，在内容的构建中得以根本性地体现出来。内容构建所采取的方式是，从此在的已有现象中或者从我们概念形成时用以领会此在的种种方面、部分、运动的概念性表象中选取某个具体的现象或者表象，来作为原本的核心或者

_____

① 斯多葛派，系古希腊罗马哲学学派，也称"画廊派"。——译注

② 尼古拉（库萨的）（Nicolaus Cusanus，1401—1464），德国的神学家和哲学家。——译注

③ 谢林（Schelling，Friedrich，1755—1854），德国哲学家。——译注

整个此在的意义。产生各种哲学的这种片面性的原因在于它们最深层的本质；因为这样的本质的确揭示出，最一般的东西以一种典型个性的形式呈现出来——这一切也可以不太费解地让人感到，仿佛就是个性在向世界扩展。我们所得到的世界是种种片断的总合，以整体来代替部分是哲学作出的努力；而它之所以做得到这一点，是采用以部分来代替整体的办法。从构成真实状态的网络，并在整体上成为哲学家研究课题的无数线索中，哲学家的精神类型的独特性使他抓住了一条单独的线索；他将它解释为集结全部的线索，声称其他所有的线索都是由此衍生出来的；即使它在表面上看起来只是如此残缺不全并且常常被其他的线索遮盖住，但是他仍然把它作为穿越整个网络的惟一连续不断的线索来跟踪观察，他越过它的有限现象的相对范围将它织入无限和绝对。这就是个性如何能够将其与世界整体内在的、感知的、构建的关系塑造成世界整体的一个客观图像的形式上的可能性；它抓住世界整体符合它自己独特性的一个几乎是个别的特征，并将此扩展为整体的方方面面，同时将其余的一切和不一致的东西降低为非本质的东西或假象，降低为原本就不存在的东西或者那种孤立的真实事物之单纯的转化形式。

显然，这是使哲学招致与宗教相同批评的态度：把世界人格化。世界观是一个心灵的反应并由这种心灵的独特性来决定；这种世界观的结构通过它的一种

可能特征的排斥性强调而被确立下来，这一特征只是
那种独特性的客观反映，这确实显露些或者隐蔽些，
使世界成为一个"用大写字母书写的"人！这些都清楚
之极地见诸所有把存在的本质同人的心灵及其定义等
同起来的学说中——例如莱布尼茨认为，一切此在都
是有灵魂的，而物质从其真正的本质来看，是由与人
相同的精神元素构成的，只是在这里清醒着的，正是
在那里沉睡着的；或如康德根据世界存在的整个范围
在人的内心中看到世界存在的目的，只要人是受道德
法则制约的。或如叔本华把意志解释为一切真实状态
的形而上学本质，即还是那不停息的、在最深层的心
底毫无目的的冲动，对此我们在自己的内心中感觉到
的是清醒的、有明确的具体目的的意志。如果人们把
所有这一切看作是一种对诗人的类比法的滥用，一种
回到低级地将灵魂赋予世界的想法的倒退，对此而
言，风的本质只能够是风神埃俄罗斯（Aeolus）的吹
刮，天体的运动只是存在于它们之中的圣灵所显示的
力量——这完完全全是个误解。世界整体的那些图像
肯定是由心灵的结构决定的，在心灵之中这种整体的
印象创造出它们。只是形而上学者的思路不是这样展
开的：我看上去是如此这般模样，那么这也就是世界
的外观；而是：何为能够支撑世界、同时使我与世界
同在并在世界上立足的最深邃的统一根基？形而上学
者发现自己存在于世界上是客观的、最确凿的事实，
然后不管用什么措辞问道：要使这个事实在作为一个

明了的、和谐的统一性的世界之上能够成立，世界必须是什么样子？莱布尼茨从完美或意识的不同程度来解释各种心灵存在中的所有成分，这种做法并不是幼稚地把人的心灵传送给宇宙，而是相反，从宇宙来看心灵，探讨**整体**是为查明其性质，正是在这种性质的前提下，人已有的心灵没有带来突变和陌异，而是让所有成分都具有一种贯穿于始终的秩序和关系。在叔本华那里，同样的目的却把思想引入一个略有区别的范围。当他把一切此在解释为一种"意志"的现象时，把我们内心中出现的那种作为经验性的意识事实的意志看成是存在于大自然之中，这才算是把世界幼稚地人格化。但是他首先对成为意志的种种意识现象之基础的东西持有截然相反的观点，即事物之形而上学的核心对于非心灵的现象和心灵的现象来说，这个核心是相同的；只不过它在穿越后者时要比穿越前者更加明亮透彻，更可名状。我们自己内心深处所熟悉的意志对叔本华来说也仍是心理经验的一个具体事实。但是，意志仅仅是形而上学的真实状况、无休止的生成和追求、无终结的冲动以及无止境的变化的诡秘厄难，这一切仅仅获得意志的明确象征之点，即意志最直接地被感觉之点。这种绝对的东西超然于我们自己的和其他任何现象的相对性，因而如此微弱地融入人的种种形式，以至于人的形式在这里与一切其他的形式都同样建立在形而上学的基础之上。且不论，这样的一些想法从其特殊的内容来看是否正确，它们在逻辑上是否是必要的或者也只是有可能而已。这里关系到的只是原则性的东西：从实质和意向来看，哲学精神对于存在的整体印象的反应并不意味着，世界被融入个人并按照他的图像被人格化，而是反之，一种典型的世界观在形成，个人则被融入其中。这种典型的人明白自己是不容置疑的现实，如同他为了自己能够被列入这个统一的整体所必须考虑到的那样，于是一个整体便被构建起来。

哲学世界观的形式原则通过这种最后的考虑表明：务必获得一个统一性，精神在面对世界之不可量度的千姿百态、杂乱缤纷、支离破碎、势不两立的状况时需要它。不管哲学思维在哪些范畴中阐述它认为世界的整体是什么，它都会相信所认识到的世界的意义或者实体、价值或者目的。这个论断也一直在满足形式上的需要，即在现象世界的一切混乱和对立中提供一个统一点，一个实在的陌异让位于它们近似的地方。因为即便万物相互的敌对性作为形而上学的世界解析出现时，它也会以这个整体统一的、通过各种成分的相互关系的真实的性质出现。

世界的复多性成为精神的统一性，这正反映出哲学是种种心灵对存在整体的反应：因为心灵自知是个统一性，在它之中——而且首先也**只有**在它之中——此在的诸多光束如同相交于一点。意识所发现的作为相对于它的外界之物，作为存在的客观成分的一切，都不可分割地紧密相连，不管是体现为空间中的相邻，还是时间中的相接，或者各种表象中的逻辑排中律。只是在万物汇聚于意识的同时，它们就获得了一个对它们来说通常是无法实现的一个统一性。例如在这句话中：生活即痛苦。这两个概念汇合成一个**意义**，这个意义不存在于其中任何一个概念之中，也不按比例而存在，而是贯穿于两者之中，最终形成一个统一的构成物，它既不能与各种空间关系类比，也不能与各种时间关系类比。这种统一化是精神的一种无与伦比的能力，甚至可以说，发挥这种能力是精神真正的、构建自身的本质。主语和谓语贯穿于只在精神中有立足之地的断言之中，组成一个统一性，空间里的万物无一不是独自填满自己那虽然可以变换的、却是永远不会失去的周长，它们永远也不会获得这样的统一性，即便只是以接近的或者隐隐约约的方式。因此，世界的统一化是真正哲学的行动，通过这个行动表明，心灵对于总体存在的印象作出了回答。但是如果这一总体存在触动心灵并想进入其中，那么心灵必须将自己的形式赋予它，必须尝试把它各式各样的内容归结为**一个概念、一种意义、一种价值**。

附着在哲学这种基本性质之上的真理概念在种种哲学论断的实际内涵中通过它固有的无拘无束而显示出来。如果产生这个结果的原因是，这些论断中记载的不是世界普遍的或者客观的图像，而是种种典型-精神的个性与世界的关系，那么，那种真理概念的特点现在再次通过这样形成的图像本身显露出来。这种图像因上述起源而具有总体存在统一化的形式，而且是借助于一个从这一整体存在中片面地挑选出来的、被绝对地加冕的成分。如果不以这样的片面性作为代价的话，我们的理智无法完成任何总体统一性；在把真实状态的方方面面和每一种可能的见解都均等地包容进去的情况下把这全部都视为一个统一性，人们会将此看作是一种神明的精神力量。而这也许为哲学"真理"的一个关键特征提供了依据：以其高度的抽象化方式记录下来的哲学领域里的一个学说，完全能够被作为正确的真理来宣布和感受，但与此同时却不能运用于它作为普遍性的看法本应关系到的所有具体细节。恰恰是要求对种种现象的整体行之有效，并且看上去是从这种有效性中获得其深度的最深刻的哲学思想——恰恰是这些思想在它们对各种具体现象的适用性受到检验的时刻变得不完备、有欠缺、矛盾百出。也许有关原因存在于那种深刻的矛盾之中，我们心智的方式用这种矛盾挫伤了一切哲学的努力：绝对普遍和全面统一的要求只能用一个片面的、由某个个人指定的内容来实现。我们在这些哲学理念中常常能找到足够多的普遍性，但是它们不是特殊事物的那些普遍性，而是这些普遍性在从它们的高度下降到这个特殊事物的情况下，便失去了它们的有效性，本来只要它们停留在自己的领域内，并以它们自己领域的标准，而不是用独特的可体验性的标准来衡量，我们就宣布它们拥有这样的有效性。这是一种如此稀奇的关系，它如此地违背了对普遍和特殊的，对超越个体的统一性及其相关的个体真实状态的逻辑表象，以至于必须通过转入一个近似精神现象的广泛圈子，这种关系才能获得合法地位。

我们假定，有些领域或者可能所有的领域都有一种基本物质，即我们对事实的知觉能够达到的种种基础性的和最终的现象：我们与这些现象保持着不同的**距离**，并且滞留在某一现象那里，于是，我们就获得了另外一个图像，遵从的是另外的一些标准，展示的是另外的内部和外部关系，似乎我们是从一种第二距离在观看着；每当后一幅图像增添一个部分，都会使前一幅图像失真和变得无意义，并且如此循环交替下去。一座房子的视觉表象从三十米之外来看完全是有序的、统一的、明了的；但是如果这幅图像中突然置入我们在三十米以外从同一座房子获取的、就其本身而言完全准确无误和富有意义的一个部分，那么就会产生一个不可理解的和充满矛盾的表象。我们将事物的现实状况纳入所有思想的构成物，都是按照这种简单关系的标准在形成发展着。例如我们的绘画艺术与某一种视力连在一起；生活实践将我们置入一种与空间对象的种种距离之中，在这些距离中，我们获得了这些对象的某种图像，以至于我们在距离产生比较小的差别时还在说能"看见"它们。但是假如我们有老鹰一样的视力，那我们就会需要另外一种艺术，如果我们在我们艺术的范围里构思出这样一种艺术的一个片段来，那我们就会称之为"错的"，尽管它很可能要"精确"得多，并且与对象最终的客观组成部分要接近得多。"距离"在艺术中的引申意义也同样如此。汇聚在一首抒情诗歌中的多种生活成分从**经验性的此在**的角度来看，在轮廓上呈现出一种精确性，与一切其他可能事物的千丝万缕关系，一种理智的凝合，只要在这一切面前取消抒情艺术的距离，那么这一切都会完全变成另外的样子。这些内心图像的两种精确性标准的每一种都提供了一种使内部和谐的总体表象，这就是为何人们超出一个十分有限的衡量尺度，用从经验性的真理立场提出的批评和用逻辑分析来研究诗歌的内容纯粹是个误会的原因。艺术真理的法则关系到可以说从一个远得多的距离来观看事物的轮廓，因此允许事物之间出现的关系与科学真理或者经验性实践的真理所要求的关系全然不同。与此相比，宗教采用的又是另一种距离。当信徒想把在宗教领域里赋予事物的那些意义和期望、凝合和深邃转用到它们具体近像的直接状态上去时，例如为了平庸的利益和日常的困苦期待"上帝的帮助"，这种帮助只在一种极其崇高的，涉及生命和命运之最深邃、最普遍的关系的意义上具有一种真正的宗教意义，那么他就似乎脱离了自己的风格。一位宗教哲学家曾在这个意义上说道："上帝不装满勺，不装满盘，而只装满碗。"尽管单纯从逻辑上来讲，勺里装的东西是从碗里装的内容中舀出来的，并似乎因此而直接分享碗里内容的定义，然而勺的立足点与碗的立足点仍然是不同的，只要对碗的立足点有效的东西被转用到由勺的立足点规定的距离完全不同的图像上，就会失真。所以人们不可以要求被称为此在的意义的东西每时每刻都能够让我们理解，因为它不是对小时有效，也不是对年，而是只对生活有效——虽然生活是由小时和年构成的。我们精神结构的这种独特之处：一种普遍的东西似乎必须最终真正体现在个别和具体事物上，对于个别和具体事物来说却不容易做到为自己的距离形成一些图像和标准，它们是无法由对它而言那些"真实的"基础有效的种种图像和标准来组成的——这个独特之处现在也决定了形而上学的构成物的性质；在它们统一地概括了此在的同时，它们所宣布的普遍性仍然不是一种将所有被概括进去的具体细节都在相同的意义上列入其中的普遍性，例如橡树、冷杉、椴树都被列入树的概念定义，它们的共同特点被统一在这个概念中。就如我们对于自己性格的基本特点十分有把握，此乃一种固定的、决定了我们生命的存在，然而我们具体的行为决不总是与性格相吻合和受其控制；就如我们本质的具体细节决不是总在证实它那似乎也包括自己在内的最深层的统一性，而不令我们因而对这几乎是朝着内部的方向固定下来的统一性产生怀疑。同样，我们也被某些最终的普遍性和准则穿越，并且一如既往地照此下去，即使那些本来应该体现它们应用之地的具体细节，看上去已经脱离了它们确立的法则。我列举两个例子。

哲学的整个发展中都贯穿着泛神论的主旨；一再出现的信念是，此在的所有多样性和对立性都没有涉及它真正的本质；有这样一种说法，即世界并不是**相对于**神的存在而出现，而是直接以神的存在的生命为自己的生命或者神拥有世界的生命而出现。通过这种说法，真实状态的所有部分和所有瞬间都为了那更加深刻的、看透实体的洞察力而成为本质和价值的一个全无差别的统一性。这种跨越所有具体细节并从自身出发来限定它们角度的想法，显然是一种于人的心灵中以截然不同的程度和千差万别的变化处处皆在的感情成分的哲学造型，但是这种感情成分在有些哲学思想中却成了位于世界观之上的独裁者。现在人们也许对事物的这种统一性和本质同一性还是那样深信不疑，要将此运用到经验的所有具体细节上，仍然可能会失败。最早提出泛神论学说的人之一色诺芬尼（Xenophanes）①却作出保证："不管我的思想向何处驰骋，一切在我心中都化为一个统一性。"但是实际上这个想法却没有从它发挥效力的那个抽象高度向下延伸到现象的各个低处。我们难以把苏格拉底和我面前的墨水瓶、普鲁士王国以及印度热带丛林中的一只蚊子真正想象成形而上学的同一物。此时当然有人会提

———————

① 色诺芬尼（Xenophanes，约公元前 560—约前 478），古希腊诗人和哲学家。——译注

出异议：泛神论的统一化绝对不**应该**对两个任意选出的事物有效，而是对**所有**的事物有效。与那种普遍的东西相一致的恰恰是种种具体细节的**全部**，并不是任何具体细节**独自**，大概就像彩虹所有的颜色混在一起就成了白光那样，而不是任意地选出其中两种颜色。不过，假如真的只有事物的总体本身是那种神的统一性的活动空间的话，那么，这正是那个总体的一种意义或者价值，我们被这种意义和价值穿越而过，却眼睁睁地面对着无法将它应用到已被汇总为那个整体的各种具体细节上的局面。虽然我们的精神被赋予把神看作是**全部**事物的，而不是**个别**事物的统一存在的能力，与此同时各种距离之间的区别也就确定下来；哲学的普遍性有一种本身固有的规律性，并且对于从另一个距离来观看的具体细节不再有效，而它作为普遍性似乎恰恰包含着这些具体细节。

与泛神论截然相反的信念也同样如此，它认为，人在根本上能够谈论的世界只是作为他的表象而存在。意识应该怎样从自身中延伸出来，并将万物以它们本来的形态纳入己内？它总是只能容纳它自己的内容，它所应该形成表象的东西只能由它自己本身，即通过表象的过程来创造。虽然人们对此深信不疑，但是面对具体的、不可抗拒地产生出来的、对于本身的自我来说完全陌生的现象，这种纯主观的制造却好像还是不太被允许出现。在哲学的普遍性的领域内，把我们确实认为存在着的此在缩减为有创造力的自我的做法，具有逻辑上无法摆脱那种状态的特征，一种直接显而易见的公理的特征，这个公理从一个统治中心出发将我们世界的总体聚合在一起。但是只要我们看一下星空和我们命运可怕的威力，看一下微生物的攒聚，看一下偶然性和与此同时发生的不可抗拒性，生活每时每刻都在以此把它的图像铭刻在我们的心里，那么，这个想法：即这一切都是由那个接受主体本身制造出来的，自身中就含有某些不可克服的悖谬因素。这个想法在某种程度上可以说包含着真理本身，而不让真理能够运用到某些具体细节上并产生说服力，即那些组成从更近的距离看到的世界的具体细节。哲学中所有伟大的真理概念的悖谬因素不仅在于这些概念都提出了一个绝对普遍的论断，而**逻辑**上包含在这些概念之内的特殊东西却不愿意服从它，也在于我们仍然无法否认它们具有真理价值，正如我们在其他情况下对待种种所谓的普遍性那样，只要这些普遍性在它们本应体现其普遍因素的单个事物那里得不到验证的话。相对于其他在科学、逻辑学、实践中有效的那种普遍性，哲学普遍性作为一个特殊类别的特点是：普遍性在这里不是来自事物，而是对事物总体的一种思辨性的表达，表达了一个伟大的精神典型每每对生活和世界的印象所采取的态度方式：这关系到的不是个别观察到的事物的一种普遍性，而是对事物的一种个人-精神上的，但与此同时是典型的反应的一种普遍性。但是，正因为这必须以一种理智的、概念的方式客观化（例如有别于以同样的方式获得灵感的艺术家或者在宗教上富有创造性的人），所以只能通过一个单独的、片面的概念的升华和绝对化来实现，而这个概念把那种态度恰恰翻译成客观表象的语言。在此片面性的形式中，如今却仍然显露出一种处于中心地位的、原则上面向世界敞开的本性，由于这样的片面性，在形而上学的论断的普遍性和难以将此普遍性实现于单独事物的无能为力就形成了那种独特的矛盾。因为表面上似乎是客观的、在最近处观察到的具体细节，总是一切可能的理念和原则的聚集点。假如我们来观察一下此在的一个孤立的部分，我们就会在此中发现残缺不全的体现方式和种种完全截然相反的基本概念之隐约可见的同时性——统一性和多样性、活跃和痛苦、存在和生成，这些在某种方式上是绝对的，同时在某种方式上也是相对的，显示出与创造性的宇宙整体或神灵的关联的踪迹，但同样显示出的踪迹表明，我们人的理解力为此关联提供了种种定义。在与事物的这种近距离关系中，它们的图像还似乎包含着处于萌芽状态的或者未加以区分的一切形而上学的真实状态，而我们由此往后退，才获得一个受一个观察角度主宰的图像，在这样的情况下对那种观察角度的选择就不可避免地取决于随之而带来的思想方式；并且在此情况下同样不可避免的是，如此产生的对于存在的性质的那种统一信念无法应用到在近距离观察时呈现出的具体细节上去。形而上学的种种普遍性的结构便得到了这样的解释：对特殊性无效，但它们仍然作为这些特殊性的普遍因素出现。

在如此将哲学从原则上列入我们思想观点的相互关系的基础之上，以下我来讨论两个概念，它们在整个哲学史中始终都是世界观统一化的中心点，是对世界观总体的精神反应的综合表达：存在和生成。

第二章　论存在和生成

　　精神能够对周围世界提出的最不言而喻的定义是：世界**存在着**。这个定义似乎对意识，即对人类的意识和个人的意识都是较晚才显露出来的。儿童，显然还有原始人，面对着呈现在他的意识面前的事物总是按照事物纯粹的内容来接受它们，而并不对现实提出质疑；梦和幻想的种种现象都被毫无偏见地纳入同一个行列。幼稚的人把虚假的东西和主观的东西都当作同一种现实，如同最可靠的经验的对象那样，这是一种不正确的说法。相反，他的意识还超然于这种完全的对立；因为他还不懂得把假象当作假象，所以他也不懂得把真实当作真实，而是只懂得他意识的**内容**：别人和星星，风景和他自己的身躯；这种既可能是真实的，也可能是虚假的内容还没有面临那种抉择。在精神的那些早期阶段，最不真实的假象、最无意义的幻想都如此毫不费力地融进生活，以至于一种长久的、由于实践中出现极大的困难而修正过的经验可能也被归入其中，为的是基本上将存在和假象相互区别开来，搞清楚同一种内容、同一种"事物"既会是这样的，也会是那样的；正是因为有了这样的对立，世界或许才从种种在质上得以确定的现象的总和形成为一种"存在"。但是感觉或者以此命名的概念却丢弃了这种原本的必要性，即为了获得自身的意义而需要有自己的对立。存在被想成是一种绝对的、惟一的、无所不包的东西：概念的第一胜利在于，把事物的总体概括在一个能用**一个**词命名的统一性中，使之无一遗漏在外。这种概括成功地赋予存在以一种双重的意义。它曾将存在物的总合称作"存在着"的无限和无限多样之物，即存在的世界；而随后又称其是世界的存在，是无法继续解释的事实，即所有这些事物都的确是**存在着**的；在此意义上，存在是普遍的东西，不管世界的内容多么不同和对立，一切世界内容仍然是所共有的东西；在那里存在是世界的共同内容，在这里存在是世界的普遍形式，在那里存在从聚集在世界的存在之中的多样性来解释世界，在这里存在从决定了这种多样性的聚集的统一性来解释世界。在这样或那样的理解中，存在或是最丰富或是最贫乏的表象。人们必须了解，精神的哪种非凡功效包含在这种现在看上去是如此简单的概念之中，就像世界在内容上的复多性和陌生性本是无人能够用思维总括的一种真正的统一性，而世界之不可估量的丰富性现在却能够被套入一个环中，统一地被套入这样一种想法的桎梏中：这一切都**存在着**。而在存在的另外一种抽象的意义中，这个概念丢弃了这种完好的广延性，成为表达一切事物的共同之处的一种公式。可以说，存在就这样而成为所有概念中最富有哲理的概念，它最充分地完成了精神对世界整体的统一化任务。然而这表明了，对"存在"的这两种意义的混淆有可能成为哲学世界观的厄运。

存在目前在哲学范围内仍然不是经常以其概念的这种纯粹性和无对立性直接地起作用。存在通常被赋予一种质，即以刚才所描述的方式从存在之中提取某一种具体的**内容**，它被认为是绝对本质性的，并在几乎回转到普遍的存在的情况下与其相一致：精神或者意志，生命或者潜意识在哲学的推测中完全成了存在。在万物皆此的同时，它们全都**存在着**，视存在的广泛意义或者抽象意义而定，或者包括或者排斥一切斑斓色彩的存在在这里被一种单独的意义占据，并完全溶于此中。或者，存在并不是**获得**一种特殊的确定性，而它**是**这样一种特殊的确定性，它从不是存在的东西那里获得它的本质——不管这是不存在本身，还是与存在相对立的思维，不管这是与纯粹的存在有些异样的单独事物的特殊内容，还是作为世界全部的基本形式没有包括在存在范围之内的生成。

那些要求通过对存在的详细阐述来解析和阐释存

在的主旨有很大一部分汇聚在巴门尼德（Parmenides）[①]的存在学说里。在他的观点中占据主导地位的显然是思想上摆脱不开的逻辑：只有存在存在着，不存在不可能存在着。种种单独的事物作为单独的事物而存在着，也就是说，它们在将它们相互区别开来的东西中恰恰是不存在的，因为它们作为存在的东西相互完全是等同的。同有些后来的思想家一样，巴门尼德对存在的概念着了魔。除了事物的存在以外还有附着在事物上的一切，也就是使事物变得有特殊性的所有的质，都沉陷在它的昏暗深渊之中；因此这些质不可能是成为假象和错觉的东西。但是巴门尼德所说的存在却不是那种纯粹抽象的、跨越所有世界内容的概念，而是看上去似乎是他把存在的东西本身理解为我们称作物质的东西。在这里，一个抽象概念从一个闻所未闻的、远远越过一切先前之物的高度和自由，仍然与感性的和明确的东西联结在一起。事物（他的考虑大致如此）不是黑的便是白的，不是热的便是冷的，但这却不是它们的存在，因为那种存在在起着变化，而它们却还是原样。与此相反，它们的物质性在它们的定义发生每种变化时都原封不动，**它**总是存在着，可见**它**是固定的和稳定的东西，是真正的现实，在此之外不可能有它物。

[①] 巴门尼德（Parmenides，约公元前 515—？），古希腊哲学家。——译注

一个异常的抽象概念促使他从万物中那些的确独
自存在的东西、有声有色的东西、运动着的和形态各
异的东西，回到所有这些东西都共有的纯粹的质料上
去，使他如今恰恰把这个从未能按它本来模样被看待
过的、从未能以其固有的纯度出现过的思想构成物称
作惟一的现实。那个结论：因为只有存在存在着，而
不存在是不存在的，所以不可能有生成和消逝，不可
能有别的状态。因为所有这一切都以一种不存在为前
提，种种现象以前的状态、以后的状态、并存的状
态——该结论如此沉重地压迫着他，以至于他居然把
这个全然抽象的东西，这个毫无特性的物质的纯思想
构成物，看成是惟一现实的东西。思想史上最令人惊
异的现象之一在这里也许首次出现。当一瞬间的兴奋
状态、情感的种种需要、缺乏批判力的幻想涌现出来
的时候，纯粹在内心中创造出来的种种表象被看作是
毋庸置疑的种种外部现实，这是一个历来到处都存在
着的事实。但是为了把一种抽象思维的、一种逻辑推
断的结果宣布为绝对的现实，把毫无特性的、毫无运
动的物质的那种永远观察不透的东西在内心的观察中
视为真正和惟一真实的东西——为此就需要希腊人那
种前所未有的智慧，为此希腊人用以给文化的世界史
带来绝对关键性转向的那种**精神最高统治权**的主旨就
必须全力发挥作用。

　　正如所说的那样，这里使存在显露其本质的对立
面是不存在。因为——在最高度的抽象概念与对感

性-自然之物的幼稚需要的奇特联合中，正如这种联合所刻画出的那种早期希腊文化的特点那样——存在被与质料等同起来，与充实的空间等同起来，所以不存在就等同于虚空的空间；也就不可能有虚空的空间；因此也就没有运动，既然运动对于时间的观察来说，意味着物质穿过非充实的空间变换其位置。因为完全的存在确实已经处处皆是，所以就不可能有丝毫的变化了，物质从而在任何情况下都仍然是物质，所有的生成和消逝都是给人以错觉的假象。同样，假象也是不可分解的，因为除存在之外不可能有第二种存在；这第二种存在的确也只是存在，可见除此之外别无其他的存在，因而也就不可能有个别现象的多样性。在这种和那种存在哲学中，最直接地表达出来的是对于事物之**统一性**的深切感觉。思维在这里还没有作为另一方与存在形成对立，而是被一同包括进它的范围："思维和思维所追索的东西是同一物，"而在另一个地方："思维和存在是同一物。"对于希腊人来说——我们将还在一个成熟得多的发展阶段上作此断定——思维只能作为同它的对象的一种完全直接的关系才是真理。精神的最高统治权还未意味着，精神把真理作为它本身的一种内在价值，作为**它的**成分相互之间的一种关系而创造出来，这种关系与外部的种种事物只有一种象征性的、一种间接的、一种由一些更高的主管层承担着的联系，而是思维和产生的想法必须相互等同，在这种比较低级的表象方式中甚至是同一物：这一实体，这种纯粹的存在，必定要把思维几乎一饮而尽，为了让思维是真的，亦即在原本的全部意义上**是**真的。这两种基本主旨因此在这种存在哲学中相互渗透：事实的奇迹，即完全有物**存在**。这方面的费解在某种程度上被消除了，方法是，人们决心不将此作为奇迹，而是作为奠定基础的和不言而喻的东西，作为解释其他一切的东西；统一性的激情，即世界之令人难以忍受的五光十色、互不相干的多种多样，这种状况只能被看作是对感官的欺骗，毫无意义，原因是它已经在其**存在**的事实中找到了它的统一性，并同时找到了它的现实性。

或许这最后一个主旨属于全部哲学中最深刻的主旨。事物按其特性和命运在一种难以了然和毫无关联的多样性中显得支离破碎。人们想怎样在色彩的世界和声音的世界之间，在天体的旋转和变形中的裂变之间，在一块木头和伦勃朗（Rembrandt）所绘的一幅肖像之间，建立起一种包容所有质并超出一个纯粹的、理想的前提的统一性来呢？但是所有这些定义也都不取决于它们**真正**是什么。它们具有一个能在种种概念中得以说明的内容，这一内容在内部保存着自己的可说明性、意义、价值，即使它是纯思维的产物、幻想的观察、一种道义的、审美的或者也是任意性规定的要求。因而，使事物作为具有个性形态的、在内容上相互有别的事物出现的东西具有一种纯内在的意义，这个意义始终超然于存在和不存在的问题。但是只要事物**存在着**，它们在此存在之中就有它们的共同之处和不可区分之处，存在着的**东西**的种种差异并未延伸到存在的事实中去。

这时却出现了形而上学的飞跃：事物的这种**共同的东西**被作为一种把它们联系在一起的、使之形成统一性的**统一的东西**；实体是一切，在它面前，事物的差异都成为一种不真实的东西，一种假象和虚光，一种主观的错觉。事物之普遍性、事物之统一性、事物之基本现实——这三种概念沿着哲学的全部历史在相互交织和渗透着。这里出现了思维有史以来通过一般概念所经历的灾难性的蛊惑。一个深层的问题无疑在于，个体的、独立的存在之种种现象在其空间的、时间的和任意多的客观确定性相互有别的情况下，仍然在某一确定性中相互一致，即都应具有这一确定性，并且它们此外的完全不可比性毫不妨碍它们在一点上的等同。于是一种现实的共同隶属性——它不仅仅是一种在观察者进行比较的精神中产生出来的——将会在这些现象中显示出来，这种想法看来不能完全排除。"共同的东西"的双重意义：它意味着各种不同的主体之相同的质和不同主体之统一的拥有　作为这种结构的语言符号出现。精神似乎无法承受在出现相同东西的情况下由另外不同的东西引起的偶然性，而将此偶然性转变成一种内在的根据和必然性。其途径是，精神让特性的一致性凝结成一种实体的、统一的紧密关系，让这种紧密关系至少从一个形成万物基础的统一的根源中生长出来，这个根源便使自身产物的一致性变得令人可以理解。人们由此也就理解了下一步：种种现象的这种共同的东西也就是它们真正的现实。因为正如它们直接出现那样，它们每一个都在难解难分的相处中呈现出它无可比拟的以及它与其他现象可相提并论的质的情况下，它们都各自独立和彼此互不相干地存在着。在某些特性的一致性中变得明显起来的统一性因而只能位于这种直接现象之上或之下。要么它少于这种直接现象，是一种仅仅由观察者完成的抽象概念，就像中世纪的思想家们描述那些一般概念时所说的那样，仅仅是一点"我们的微弱呼声"；要么它多于这种直接现象，是在经验性的真实状态之下一种更深层的真实状态。这种统一性能够让这么多的具体细节在自己内部扎下根来，原因是它比任何具体细节都更充满力量、更基本、更可靠。比如国家，它是许多个人共同的产物和他们相互联系的处所，要比每个个人拥有一个更牢不可破的真实状态，并给予每个加入国家的个人一种存在状态和一种他原本没有的稳定性。事物的普遍性使我们思维的结构归结成统一性，假如它不单纯是非现实的思考的上层建筑的话，那么这些统一性就必然是绝对的、多于经验的现实的下层建筑。如此地优越于一切具体细节而致使它最终能够是许多具体细节共同拥有的并将它们集拢在一起的东西，必然有着比这种具体细节更稳固、根基更深的真实状态，也就是说，它只能被视作原本的和绝对的真实状态，比起这种真实状态来，那种真实状态仅仅是第二位的纯粹的真实状态。在存在的概念中，三个基本范畴的这种彼此追求最充分和最深刻地兑现了。似乎没有任何普遍的东西来证实我们世界的内容，惟有这些内容**存在着**的状况；在一系列从较窄的范围上升到越来越普遍的范围的概念中，存在的概念占据最高的地位并且处于最顶端，最异质的东西必须以越来越相似的方式向它提供立足空间。接下来：世界所有的内容都**存在着**，它们分担着存在，正因为如此，它们同属于一种统一性。它们可能被**想象**成是孤立的，是具有偶然的顺序的和互不相干的；但是如果它们**存在着**，它们便构成**一个**世界；对此，希腊人就已经在这个意义上认为，每个做梦的人都有其自己的世界，而醒着的人的世界却只有**一个**。情况并不像看上去那样，似乎很多不同的事物都美好，它们其中的每一个都能独立存在，并且不是由于它的美而与另外的事物同属一个统一的、美的世界或者共有一个相同的根源(尽管这也是一个形而上学的学说)，但是所有存在着的东西都被感到同属**一个**现实，几乎是分担着**一个**存在。这里不需要任何特殊的步骤，在许多事物通过其共同之处而形成的这个统一性里找到现象的所有变化和所有幻觉下的这种原本的现实。如果神学的形而上学者在一切事物中感觉到上帝生命的脉搏在跳动，并在此统一性中发现了它们的意义，于是把上帝作为高于经验之上的和在各种现象的直接形态中捉摸不透的东西来崇拜的话，那么在他看来，这个上帝的确就是惟一和绝对的真实者；而上帝并不像一个单独的事物那样存在着，这一点并没有降低他的真实状态，而正是这样，这种真实状态的丰富和绝对才协调一致。叔本华认为每种现象都受着没有根据的烦躁不安、无法治愈的运动欲望的困扰驱使，并将此全都看作是一种统一的、度过毫无目的的世俗生活的世俗意志。与此同时，任何现象都恰恰因为这种意志构成了它们最内在的本质，而没有直接表示出来的这种意志却正是惟一现实的东西；但是一切能够体验的真实状态都是毫无意义和价值的现象，是由我们的感官编织起来的面纱，它遮盖着那种绝对的真实状态。那种真实状态的存在性质要比个别事物的存在性质有着更深邃和更稳固的根基，如果不是这种真实状态的此类**质的定义**，而是存在本身构成了世界的那种普遍性的东西和统一性的话，那么比在那里更清楚的是，这种存在即是原本的和几乎不可推移的真实状态，即是形而上学的根基。世界之种种直接呈现出来的、在其定义中相互有别的可体验状态，通过这个根基作为精神性的和无根源的东西显露出来。然而，作为最直接的、最可感知的，也可以说是最纠缠不休的事实而出现的存在实际上是最形而上的、最捉摸不透的、最难以描绘的事实。一切所谓感性上的确定性只能让我们确信万物的内容：有色彩和有声音的东西、硬的和软的东西、热的和冷的东西。但是这些以它们的质被感知的东西**存在着**，这一点对于我们来说超然于感知本身，是完全无法观察的。附带一句说明，这就是声称艺术是"漠不关心"的观点的意义和原因。这就是说，它关心的不是客观对象的真实状态，而是它们的现象，它们的"图像"。各种感官并不能向我们提供存在，而是反之，存在是我们向各种感官提供的东西，是一种形而上之物，它与艺术无关，因为艺术是感官的事情，是事物之可观察的内容。存在总是只能出于一种与事物直接显露出的秩序不同的秩序才被额外想到。

存在的普遍性、统一性和形而上的超感官意义的这种交织以各种各样的方式穿越哲学推测的全部历史。在巴门尼德之后的两千多年，这种交织通过斯宾诺莎达到了登峰造极的程度。斯宾诺莎与近代的早期哲学一样，最早的兴趣在于**实体**这个概念；也就是说，思想指望得到一个于其本身来说有必要的和无可置疑的真实状态，即脱离了一切相对性和一切依赖性的一种绝对可靠的东西。在世界中找到某种完全稳固的东西，这样一种需要在中世纪的世界观已失去其稳定性，并被一种以现象的灵活性、力量表达方式和单纯的关系为要旨的自然主义取而代之的那个时代尤其可以理解。在文艺复兴时代，只要这个时代还是朝着这个转向延续发展，由此而产生的震惊和动摇首先被赢得的自由的烟雾掩盖了，被那时已摆脱了中世纪教会和社会的联系的个性意识的自豪，最终被艺术的审美魅力掩盖了。那种自然的、以人世间的东西为中心的世界观在艺术的指引下首先发展形成并感化了众多心灵。但是那种自由感随着中断联系的距离越来越增大而渐渐淡薄，个人秉性在自身中找不到充分的立足点，来摆脱源自存在的精神图像的根据。直至康德恰好在自我的想象力中发现了这种图像的全部坚固性和规律性，并在自我的道德意识中发现了全部此在①之惟一绝对和有意义的东西。最终，在他看来，把世界观置于艺术和美的标准之下的做法，似乎只在它作为个人的创造性出现的地方才提供立足点和合法性，但似乎只作为短暂的幻想为一个文化圈的总体服务。在伽利略（Galileo）、哥白尼（Copernicus）、博伊尔（Boyle）②和牛顿（Newton）产生影响之后，17世纪居领导地位的思想家们的确对自然规律的必然性和永远有效性笃信不移。只不过，似乎仍然到了以后的一个时期，才通过这种只是诸关系和事件的确定性，使对所谓实体上稳固的点的需要，对此在的一种绝对之物的需要销声匿迹。对于我提到的这些研究者来说，神学的上帝概念还完全不可缺少。斯宾诺莎不再想通过一种对世界的对立面的信仰来满足这种需要，而是迫

---

① 我在我的《康德：在柏林大学的十六次讲课》（*Kant, 16 Vorlesungen, gehalten an der Berliner Universität*）一书中详细地阐述了康德的基本原则。

② Boyle在很多著述中也翻译成波义耳。——译注

切地想通过有关这个世界本身的一种在逻辑上有发展可能的知识来使这种需要在思想上得以实现：世界的思维必须在其本身内部显示出"实体"来，也就是绝对地包含在自身之中并且不依附于任何其他东西的、绝对牢固的一个概念。如果有一个这样定义的实体，那么它只能是**一个**，并且必须是无限的，即无所不包的。因为假如在它之外还有另一个，并且它是有限的话，那么就会有东西包容它并且确定它的界限，那么它就不是包容**在自身之中**，而是包容在另一个东西之中；不依附于任何它物的只能是无限之物，因为有限之物之所以有限，是因为在它自身之外总还有另一有限之物，并不可避免地以某种方式受其限定。在诸概念之间的这种盘根错节状况中，也就形成了对"实体"的一些起码的要求：它必须是无限的，否则它就是有限的，也就是不独立自主的，并且只能有**一个**，否则它就不是无限的，而是有其终极，在此终极之处会形成另一实体。由此可得出的又一结论是，这个实体不能由它物创造出来，不能根据它物来理解；在它之外绝没有任何"别的"东西。它就是它自己的根据，对它的理解只能从它本身出发。那些不直接是"实体"的东西，即那些特性、事件、具体细节的真实状态可能是从其他东西推导出来的，是在逻辑上从外部来理解的；而实体的真实状态却只能够从它自己的概念获得证明，从它的概念的有效性得出的结论是，它存在着；或者换句话说，它不存在着是一个逻辑上的矛盾。这种演绎法对今天的思维显得混乱和陈腐，对绝对稳固的和不容置疑的东西的需要却得到充分满足；因为有什么更加可靠的东西、更可信赖的东西、更加绝对的东西，能够作为其不存在意味着逻辑上的矛盾的东西出现呢？有什么似圆非圆的东西，或者似黑非黑的东西不太可能不存在呢？什么东西如果它的先决条件存在的话，存在的必然结果如同二乘以二的概念必须得四那样，如同一个结论在逻辑上不可避免那样？对于这个实体，斯宾诺莎也需要这个表达：上帝。只不过这个实体是无限的和无所不包的东西，没有任何东西在其之外或者与之对立，所以这个上帝不能与世界分离，而恰恰只有这一绝对的统一性，实体或者上帝对此仅仅是两个不同的名字而已。但是因为这个世界在它所呈示的种种现象中绝不是一种简单的统一性，而是一种具有最高度的多样性和个性化的东西，因为事物在此统一性之中不是无限的，而是有始有终的。没有任何东西本身在逻辑上是必要的，其必要性总是只根据自然规律从其他东西中推导出来的，所以斯宾诺莎的实体还必须具有一种更确切的和原本的、他本人却没有直接说出来的意义。

在我看来，目前只有惟一的一个概念较有说服力地概括了"实体"的所有定义：正是**存在**的概念。这一概念首先会使人把它作为纯概念而从中推断出作为对象的现实：只有存在似乎是这样一种东西，它的不存在是一个逻辑上的矛盾，不能设想它是不存在的。这就是存在哲学的整个典型的枢纽点：把作为抽象概念的存在同作为存在的事物的总体混淆起来。存在不能是不存在的，这的确是正确的，或者说：存在之物，**如果**它存在着，**如果**它属于存在概念的话，不能够同时不存在——恰如一样东西，**如果**它是黑的，就不能够同时是不黑的。但是，黑的东西完全可以撇开不予考虑，这并不构成一种逻辑矛盾，同样也不会构成矛盾的是，存在的事物也完全可以撇开不予考虑。如果人们赋予一个客观对象某一定义的话，那么，人们也不能同时又从它那里剥夺这个定义，而不违背逻辑；如果人们从一开始就从它那里剥夺了这个定义，那么这个矛盾的前提就取消了。如果"实体"是事物之全体的话，那么在逻辑上就只能推断出：**如果**事物存在着，那么它们就的确存在着，而且不能被想象成不存在；但是它们存在的**这种情况**却绝不具有逻辑必要性。"存在的事物存在着"，想从这个句子来阐明实体的逻辑"必要性"的这个论断之欺骗性恰恰在于，"存在"在第一个句子成分中是事物的**定义**，在后面的句子成分中却说明了被这样定义的事物的**存在**。黑的事物存在着 这个一模一样构成的句子也不难让人明白，它不拥有任何逻辑的必要性；它可以为真，也可以为假，"而黑的东西是黑的"这个句子必然是真的，因为在这个句子中，主语的"黑"和谓语的"黑"具有相同的意义；但是黑的东西究竟是否**存在着**，这个句子却没有作出说明。因为"存在的事物存在着"这个句子的主语和谓语是相同的**词**："存在"便产生了这个句子似乎具有内在必然性的表面现象：黑的东西是黑的，而它事实上只拥有这个句子纯粹实际的、需从别处来证明的真和假：黑的东西存在着。但是如果存在仍然已在第一个句子成分中说明了与后边的句子成分中相同的存在和真实状态，那么这个句子当然具有逻辑上的必然性；只是这下又把人们想要以事物来证明的状况——它们存在着——从一开始就已经置于它们之中，以至于这个句子现在已确定无疑和不言自明的真理仍然难以证明在真实世界中的事物的存在，一个圆的四边形是一个圆的四边形，从这个句子确定无疑的真理中也同样难以得出一个圆的四边形的存在。

这"自我定义"的、其概念使其存在具有必要性的"实体"的命运便是，作出证明的句子要么没有逻辑必然性，要么在逻辑上有必然性的情况下，是一个实质上空洞的循环论证。这就是在信仰不再为此在的绝对稳固性提供保障之后，欲借助思维来获得这种稳固性的那种需要之不可避免的悲剧。这种纯逻辑的自我循环的必然性将永远也不会从自身中发展出事物的存在，而是事物的存在仍旧被作为已有的事实来接受的，倒是从未能够通过那种向往所要求的绝对必然性获得理解。对植根于人与世界的全部关系中的，而非植根于纯认识兴趣中的绝对的保障和不容置疑性的需要，在此是如何借助纯粹的认识得到满足的，这在任何时候都一直会是思想史上值得回忆的事件之一；可以说，这种位于深层的不恰当性造成的恶果就是，这种需要之强烈性使人对那套逻辑方法的自欺性和空洞性置若罔闻。但是，相信为存在赢得思维的这种必然性，还意味着其他的一些东西。这些东西实质上或许只是这种必然性的另外一种表达，却在心灵上与一种特殊的需要相符：存在应在逻辑上得到证明，从自身出发获得理解，这使存在成为某种合乎**理性**的东西，它化解了存在事实中所包含的模糊的、非理性的、宿命性的东西。存在着一个世界，这是极为确凿的事实，是我们的理性无法侵入的事实；叔本华和印度哲学都认为，他们面对存在并感觉到它不可制服时怀有的恐慌，成为他们思想中起引导作用的冲动。也许只有少数哲学家一点都没有感觉到这种恐慌。但是叔本华以最极端的方式克服了它，他下决心去热爱存在——纯粹作为存在的存在。为此他却恰恰必须**理解**存在，此即一种以至被抬高为神秘主义的智力之本性：他问道，人们怎么能不去热爱已经认识到其必要性的东西？他爱存在。或者，正如他所述，爱上帝，因为他将此理解为是必要的，而且这种绝对的必要性并非是从其他的一种事物，而是从自己本身，从它自身的概念中获得的。他不能忍受存在的阴郁厄运，而是必须在逻辑上对它进行仔细的研究，把它作为合乎理性的东西来理解，以便能够去热爱它。

这些思维歧途的逻辑批判就其本身来说无关紧要，不过大有裨益的是这样的认识：尽管它们是谬误，如此伟大的思想家却又如何能够执迷不悟？它们尽管是谬误，却又获得什么样的意义？哪种深层需要或者哪种有价值的努力与此同现？但是，自我证明的存在的概念除了证明对此在的绝对稳固性的向往之外，还证明了另外一种稳固性：对存在之统一性的渴念。这整个错误的基础是：抽象的存在概念其本身是成立的，并且是不存在的直接对立面，可它却与整个存在的事物的总体一起被混淆了，事物的不存在绝不是不可想象的、逻辑上绝无可能的东西。这种混淆使所有存在的事物的存在特征遍布所有其他的一切，只有"它们存在着"这个事实包含着它们的谜和谜底，对一切存在之物的统一性的信念由此便得以最狂热地表达出来，即确信它们所含内容的一切区别都不会撕毁世界，确信存在——"实体或者上帝"——贯穿于它们的全体而长存，它们全都在一个统一体中长存。实体概念整个混乱的逻辑在斯宾诺莎的观点中被一种深层的感觉支撑着，即存在的每一部分中都有整体存在，甚至可以说根本就没有部分，而只有整体。只要单个事物**存在着**，那么与任何它物就毫无二致，在它之中也就存在着存在的全体。然而只要它是**单个事物**，它就恰恰不能包含全体，那么它就是去除所有它并不是的一切后余下的全体。每种个性本身或许是对此在总体的否定，即便这个卓越的观点在其逻辑基础中也始终混淆了两个存在概念。存在作为事物的一般定义，作为真实的东西不能再继续解释的状况，不折不扣地归属于最有个性的和最不完美的东西，因为它根本就无折扣可打；但是现在，斯宾诺莎把一切事物的总体意义上的存在放置于它之下，对于这个意义来说正确的是，个性的东西是一种"否定"，它限定的形式即是它被限定的界限，其界限的形成是通过其他的一切在它之外，而不是通过它本身。即使把个体之确定性视为存在之否定的想法在逻辑上也是如此地站不住脚，它却表示出人生观最具深远意义的二元论的一极：种种此在部分的全部特殊形式是否是真正非现实的东西，不管是怎样出现的，都因此而注定化解为绝对一般的和一体的东西，皆是倏忽掠过独自**存在着**的神祗的实质之不可分解的一线微光，或者这种实质，这种真正的和确定的存在是否能恰恰在这些**特殊的**形式中显示出来，这些存在的个性是否负载着它们真正的意义和价值。

　　也许是施莱尔马赫（Schleiermacher）[①]最卓越地贯彻了后一种说法。当存在哲学在可谓最近旁的事物中寻找它将其合为一个整体的事物的最终统一性时：在事物共有的东西中，它们在此之中相互之间没有差别。施莱尔马赫认为，一体和绝对的东西恰恰体现在个性的和不可相比的东西的形式之中。他论述道，一切真实的东西都是有个性的；然而，不是每物都以此

---

　　① 施莱尔马赫（Schleiermacher，Friedrich，1768—1834），普鲁士神学家、传教家、古典语言学家。——译注

自顾自地、并根本无依据地与其他各物分离，而是每种特殊的形态都只是宇宙总体力量的一种特殊体现。神祇之存在的实存方式是：它在每一点上的表示方式都与另一点上不同。这也可以说是原始现象。恰如宇宙可能在绝对的统一性和不可分解的形式中如此完好地实存着——这也是存在哲学家们的意见。按照形而上学的个人主义者的观点，宇宙同样是如此完好地存在于每个部分绝对的个性形式之中；对于宇宙为何会这样存在的原因，就如宇宙究竟为何原因存在的问题一样，人们很少能够过问；因为这个形式与宇宙的存在是相吻合的。人们必须把这种想法与另外一种具有某些相似和感人之处的想法分开：种种真实状态的个性在某种程度上是一种分工，似乎世界的每个部分都承担起一部分性能，并且正是因为每个部分与其他部分都是不同的，它们所有的相互补充成为一个统一的整体。这个主旨能够获得其最精湛和最深刻的形态，是通过把世界类比成一个有机体，或者更确切地说，把世界理解为一个有机体，其各环节在形态和功能上无法相比，它们正是因此而在相互影响中全面卓越地承担着世界的生命过程。只是那种个性学说有着另外一根形而上学的神经，在此学说中，个人并不被看作是世界的一个环节，这会强求他具有不全面性，令其依附于他者，以致那种把有特点说成是脱离整体的结果或对整体的局部否定的阐释方法尚未被彻底根除。在施莱尔马赫看来，单独的、个体的存在直接地、不与他者有任何合作关系地体现了宇宙，是宇宙的似相。因为正如世界只有一个，每个个体也只出现一次；它的无法相比性并不是使它能够与其他的个体相提并论的手段，而是使每个事物觉醒、拥有绝对事物的生机的最终意义，它的全部生命存活于此之中。对于泛神论和所有与泛神论有关的一切来说，特殊的东西只在一般东西的形式中才具有真正的生命，对于这种形而上学的个人主义来说却正相反，一般东西只在特殊东西的形式中具有生命；一般东西并不是与特殊的东西形成对立，比如说一个想法，它在自身内部是统一的，然后用不同的词句表达出来，而是此在之绝对的、神圣的、无限的东西直接地、不可分隔地生存在不可相比的东西中，或者更准确地说：**作为**每一个体形态的不可相比的东西。关于所有——尤其是关于人的——此在的观点的一个最深层的区别在于，在宇宙万物的统一性中，是否单个生物的特殊形式几乎仅仅是通过相互的束缚和限制而形成的，即通过无限的东西本身的减少和自我否定；或者，个性是否从内部来决定自己的形式，不是作为一种负数，而是作为一种完完全全的正数，通过自身的增长和自身本质之原始状态的定义；相对于没有区别的无限和一般的东西之现实，个体的形态是否就是一种原本不真实的东西；或者反之，个体的形态就是原本真实的东西，只有无限和一般的东西寓于其中。

正如存在哲学向来形而上学地强调——原本静止

的——统一性，多样性哲学也同样与生成及运动结合在一起。凡是存在的**统一性**毫无保留地统辖着宇宙的思想意象的地方，运动就必须在此意象中告退，甚至在最终的根基之处消失。因为运动总是只能涉及一个整体相互有关的**部分**。这个**整体**是静止的，它应该向何处运动呢？因为没有任何东西在它的范围之外，它能够到达何方呢？即使人们以图示方式想象出一个球形的、以直径为轴旋转着的整体，它仍然作为一个整体停留在它的位置上，尽管它的每个部分都不断地变换着位置，从一个与它相对的点来看，它显示出静止状态，从这一相对点能看到的不是它的任何一个组成部分，而只是作为统一范围的整体。

只有刚才提到过的那个意象可能会将真实状态的生成和统一性连接在一起：一旦世界的过程形成一个统一核心的有机发展的表象。生命是我们所知的惟一实存形式，在此实存形式之中，一个一直与自身吻合的、不可分解的本质经过持续不断的一系列形式变化保存下来，而且只有当我们在一个生命过程诸阶段的面貌之下来观察真实状态的种种运动状况时，它们才必须与世界，即这个过程的载体的坚不可摧的统一性合为一体。早在那种从生成角度来诠释世界的纪念碑式的哲学中——只要它的片断允许作出判断的话，以及在赫拉克利特（Heraklit）的哲学中，这个比存在和生成的形而上学的对立更高的统一性，就已经如同一种从远处传来的尚且十分含混的声音。

他是把实存的世界的本质置入世界运动状态中的第一个思想家，依他之见，一切质料都化解为它们所发生的一切。按照他的观点，确定的存在被对立的永远的相互转化取而代之，这一形态之死转为另一形态之生。在他看来，同一切单个事物一样，世界作为一个整体，处于一种不断生成和消亡的状态之中，世界的存在是一个永无休止的游戏。在此游戏中，神灵将世界恢复到它的原始成分状态，然后又由此而使它重新生长发展。只有在如此不间断的生成中，存在才保持下来：世界如同一种混合饮料，如果它不被持续搅动的话，就会散掉。不断流失的质料由不断流入的质料来替补，只有这样，一种形式才能够稳固，每种存在就像河流的存在一样：我们无法两次踏入同一条河中，因为它在此期间已经"去旧换新"。这里能够观察到哲学概念形成中的最纯粹的典型之一。根据经验，在事物用来体现和保持自己的、表面上的稳固和内部的统一性之下，实际上隐藏着运动、变迁和对立——他始终以这条经验为依据，按他的秉性，他真的可以独自采纳这条经验。如同存在哲学家的经验，在一切变化之物中有些东西是稳固的，生成哲学家增加的是另外一条经验：在一切稳固之物中有些东西是变化的，在此经验基础上形成了世界观。这些英才各把人类对世界的理解中的一个范畴提升为整体的绝对形式，这种做法所体现出来的狂热使他们根本无法积累有关相反的经验。世界无限的多义性和人的有限的诠释手段之间的独特关系或者不相称关系，在世界观的这些宏伟的片面性中表现得最尖锐。

　　毫无止境地主宰着赫拉克利特之思维的"生成"和"相对性"概念，仍然没有被他造就成完全的、抽象的纯粹性，这方面的观察对于理解哲学概念的发展来说具有无比巨大的价值。他明白，"生成"是无法用别的方式来称谓的，因为，生成只能作为存在和不存在的一种关系，作为诸对立性的一种同时并存或者一种相互均衡——其中的每一种对立性却还拥有某种固定的存在，作为两种状态的一种**统一性**来理解，这个统一性协调着由此状态形成的另一种状态和从另一种状态形成的此状态。青年和老年，有益的和有害的，白天和黑夜，生命和死亡都是同一物。他感觉到生成过程的统一性包含着如此对立的种种阶段，然而，他以其无济于事的思想方法——显然也是出自希腊人特有的欲望，对此我将在下文中详述——摆脱不掉他想克服的存在，他似乎只能通过一个方法令其瘫痪，即他每次都把它的否定与它本身等同起来，对立似乎便成为一体。如果他以前曾经十分明确地说过，我们不能两次踏入同一条河中，那么他对此重新作出这样的表达：我们踏入河中和我们不踏入河中。其方法是相同的，如果他想表达诸概念的相对性的话：开始和结束，好与坏，上与下。在这些概念中，与万物的现实有关的运动性几乎执掌了事物的概念内容。他显然还不能表达出它们的意义在于它们的关系，而是一直停留在它们同为一物的看法上。正如事物形而上学的统一性与存在哲学联系在一起那样，世界组成部分之间的形而上学的对立也同样与生成哲学相关：斗争在赫拉克利特看来是一切事物之父，他对于事物相互之间的张力，对于世界过程正是在其形式中得以进行的是与否的坚定性，有着深切的感觉。而且，就像他关于生成的专制的知识却没有能够让他摆脱存在的魅力，对于他来说，争斗和种种现象的不和同样是它们更深层的和谐的形式。一切对他来说就像阳性和阴性的东西，一样以其对立产生出生命，正如弓和弦之间的张力那样，承担着它们两者的和谐。正如人与人之间的斗争那样，它把这一些人变成奴隶，把另一些人变成自由民，并以此产生了他们的组织和公正合理的秩序。在这里首次隐约表示出一种世界理性的理念，它的规律性体现在每种生成和消亡，每种斗争和矛盾之中，而本身并没有被卷入这种二重性的形式之中。这些隐约的表示当然是从流传下来的片断中像一个很遥远的声音传到我们这里，赫拉克利特以这些隐约的表示超越了存在和生成的对立：一个在其自身内部含有必然性的意义，一个永远有效的法则之普遍性，它高于现实性并且将不断发生的事件的无数阶段和彼此否定相互对立的两者之间的不可协调性，连接为秩序和尺度。可以理解，恰恰是生成哲学家提出了世界理性的这个思想：因为比起那些从一开始就只承认不可区分的存在之统一性是现实之立足点的人来，他更加需要这个立足点，他的世界观更加紧迫地指明这种更高的、从意义和理念出发来实现统一的东西。

我已经提到过，尽管出现了这一切，赫拉克利特此时并没有为生成找到贴切的概念表达，而是用存在和不存在将它组合而成，要理解这一点，必须认识到希腊思想精神的全部理念和理想的形成都是面向一种固定的、封闭的、实体的**存在**的。正因为如此，最终巴门尼德要比赫拉克利特更称得上是真正的希腊哲学家，并且正因为如此，当柏拉图想把两者的理论按其真理内容合并在一起的时候，他把赫拉克利特提出的流动宣布为虚假的、偶然的、从根本上来说是不真实的感性世界的法则。与此相反，他将绝对的、巴门尼德的存在归于理念世界，这个理念世界赋予一切现象中所包含的现实。希腊人的现实生活是不安宁的、破裂的，问题重重；但正因为如此，他们的思维才会寻找存在之平静的可靠性，寻找作为这个动荡的、矛盾的世界本身更原本和更纯正之现实的存在，或者将它作为他们还没有完全超然于世界的理想。希腊人这些思想中的高明之处在于，它们虽然形成了经验性生活的补充和对照，却仍然以某种方式明显位居于生活之中。印第安人为了极乐世界企盼着他们的寿终正寝，日耳曼人在沃丁神①接待战死者英灵的殿堂里竞技和狂饮，老犹太人只梦想家庭和氏族的生活能够延续和

---

① 沃丁神，指北欧神话中的主神。——译注

扩展到第一千代。甚至印度人视为生活意义的厌世、悲观也曾只是游手好闲和无所事事的升级和绝对化，他们尘世生活的真实景况也的确如此。希腊人才真正使他们形而上学的理念和理想独立于他们的生活现实，这使他们的心智具有那种无与伦比的跨度，并同时达到完备和平衡——后者当然在如此长的时间里被误认为是他们实际生活的一个特征。这大概就是那种内在关联，这种关联使他们整个哲学概念的形成都倾向于存在，倾向于表达无常、破碎、饱受动荡威胁的现实生活中的对立、补充现象以及更加深刻的真实性。他们的思维专注于物质的东西、存在、某种意义上稳定的东西，以至于他们至少在他们的古典时期，没有把生成以同样的程度作为一种基本的、构成世界的、绝对第一性的概念来强调。他们摆脱不了的是，不能称为存在的现象正是由存在和不存在组合而成。这就是芝诺(Zeno)①将其用来反对运动概念的著名"反调"的最终理由。他认为，表面上飞行的箭事实上肯定是静止的，因为它在某一具体瞬间处在某一个空间段；只是这个空间段的大小正好与箭本身相等，所以并没有给它提供运动的可能性：在**这个**瞬间它是静止的。由于全部时间都是由瞬间组成的，所以箭总是静止的。换言之：一物**在**其所在之处，是不能运动的，

---

① 芝诺(Zeno of Elea，约公元前495—约前430)，古希腊哲学家。——译注

因为它正处于静止状态；凡是它不在的地方，它也不能够运动，因为它无法在那里做任何动作。运动即被分解为限定在固定状态之中的片刻，在每一这样的片刻中，运动的载体都处在或者不处在一个限定在固定状态之中的空间部分里。整个矛盾便由此而产生，因为持续的运动不允许被缩减为这样的固定状态，而是从一开始并按照它的直接本质就是从一个点到另一个点的一种**滑行**，一种通过每一个点的穿行。运动或者生成是事物与空间性或者特性的一种**特定的**关系，而不应是由固定的位置或者存在状态的总合而组成。比起承认生成是一种完全第一性的范畴的看法来，当然后者要更加多地接近理性主义的明确性和概念性，这些曾是古典思维的发现和向往：在它看起来确实有着不明的甚至是神秘的东西，思维的一个更为充分发展的阶段，才不会在存在的单一性中发现这惟一的、决定了全部理解的"主管"，而是赋予它在生成中的化解以协调性的，甚或更深层原因的地位。无论如何，从概念的历史结构中可以悟出，为何赫拉克利特仍然只用一些概念性的表达来回答，按其秉性只会用生成的绝对的概念来回答对世界的印象。这些表达再次把生成同存在的固定状态及其各自的逻辑的对立面，同存在和不存在的纯粹的综合紧密地联系在一起。

赫拉克利特的哲学形式就其遗留给我们的断编残简而言，也许是哲学史所拥有的最精练的形式；此中所包含的另一方面最广袤的形式，同样是一种生成的哲学：黑格尔的哲学，我现在就生成问题作一综述。我作此详述为的是解析黑格尔惟一的一个公式："理念的自我运动"，其中包容着一切，这个哲学因此就作为形而上学的生成的一种独特形态出现。自从黑格尔的推测成为德国知识界的共同财富以来，思维的抽象程度和对诸概念之价值的感觉在相同的圈子里起了难以估量的变化；黑格尔的基本主旨绝没有像它们的表达方式那样已经过时，而是以其独特性和深刻性展现了精神对整个世界观的一种基本态度，因而只能以与他本人方法不一致的直接和间接的方法被表示出来。即使在思想史里，也往往难免像面对大自然那样去处理问题：我们计算一个事件（例如一个天文事件）的方法与自然事件的实际发生过程毫无关系。但是这个发生过程通向它与那种计算的一个会合点：计算的最终结果却不是计算的方法与计算对象的最终结果相符。所以就必须作出尝试，以黑格尔自己没有用过的方法和前提来获得他的关键性概念。

在我们这一代人的历史中发明了一大批构成物，它们是通过主观的心理的发明和工作创造出来的，但是在此之后，它们获得了超然于各位英才的一种特有的、客观的精神此在，而原本是他们制造出它们或在过后复制了它们。属此范围的有如法律条款、道德准则、各个地区的传统、语言、艺术作品和科学成果、宗教。这一切当然都带有某些外部的形态，口头的和书面的，可视的和可感觉的。但是这些物和人的载体都没有在它们的时间局限性中穷尽那种精神事实的实体内容及其存在的特殊形式。例如在一本印刷的书中投入的精神无疑是在它之中，因为从此书中能够获取它。但是它以何种方式能够存在于书中？书中包含的是作者的精神，是他的心理过程。只是作者已经去世，他的精神作为心理过程不会与世长辞。这就是说，读者的心灵动力从纸上的杠杠和圈圈中造出了精神。只不过这些是由书的实存而决定的，而且是以一种原则上另外的和更直接的方式，而不是例如由于这个进行复制的主体在呼吸着并学会了阅读而决定的。读者本身作为有生命力的过程构成的内容以客观的形式包含在书中，读者是在"汲取"它。但是即便他不汲取它，此书也不会因此而丢失这个内容，并且它的真理或谬误，它的高尚或卑鄙显然毫不取决于这本书的意义是经常地还是罕见地、是充分理解地还是没有理解地在各人的主观精神中得以再造。所有那些内容，宗教的或法律的，科学的或带有某种传统色彩的，伦理的或艺术的，都拥有这种实存形式。它们历史性地出现，并且被历史性地任意复制，但是在这两种心理实现方式中，它们以另外的形式拥有一种实存，并以此来证明，即使在那种主观的现实形式中它们也作为并未穷尽于这些形式之中的东西，作为对自身具有重要意义的东西而存在着。无疑是作为精神，它与自己的感性依据实际上毫不相干，然而却是作为客观的精神，其实际意义不受任何影响地在这种或那种意识中高于它的主观生命力。允许在物质的东西中提取超物质的东西，在主观的东西中提取超主观的东西的这个范畴，决定了人类的整个历史发展，这个客观的精神使人类的劳动得以保存自己超越所有单独个人和单独复制的成果。

正如这个范畴适用于历史性的此在那样，它同样也适用于大自然。我们称之为自然规律的自然事件的概念表述也同样超然于作为一个个时间性的现实这种事件本身，就像超然于各个主体用来形成对这些现实的表象的那些心灵过程一样。然而，表达并允许计算所有时间中两种物质主体的运动的数学公式却没有包含在这些主体及其运动的感性图像之中。不管那种与人的思维方法和形式相符的纯精神的构成物是否存在，物质性的事实都在进展着，恰如从另一方面来看那样，不管在世界实存的某一时刻是否绝对没有物质，这个规律的内容都有效；这种时间上的偶然情况都不会影响规律的永恒性。这种永恒性与在人的心灵中发现它和考虑它的实际情况也同样关系不大。这些物质主体在人形成关于它的表述之前，就已在那种关系中穿上外衣，如果不再有人的话，它们也还会这样去做；因为自然规律是被"发现"的，如同放在那里备用的东西——以备精神之用，自然规律显然不是由精神的思想行动**创造**出来的，但也不是潜伏在物质之中。在这一点上，"客观的精神"之充分独立性和不可缩减性也许是最显而易见的：种种纯精神的内容，因为规律，即公式，与它的有效的**对象**一样不是物质性的，它们仍然完全独立于那些"英才"脑中对它们的制造和复制。但是与此相关的属性却决不能局限在像自然规律或者历史性的规范和传统这样一些如此错综复杂的构成物上，而是所有的"概念"均表明了相同的性质。一个事物在精神上所意味着的东西并因此而能够成为精神生活的一个组成部分就是它的概念。假如我们一旦领会了树的概念的话，那么这个概念就有某种实际的、对所有时间都有效的内容，不管地球上长着多少树和什么样的树，但是也不管这个概念是否、何时、由谁创建和重提。也就是说，具体的树对这个概念一无所知，此概念是纯精神的，对于精神来说具有重要意义的构成物无法由作为主观的、时间性的现实的心灵随心所欲地、独断专行地创造出来。即便在创建有理性的概念时，我们也受一种客观上预先确定下来的东西的制约，此物不能显示出它种种有关的物质明确性，而总是保持一种精神的东西，这种东西在心理上能够或不能够被理解，但是在其意义和理智上与这个问题无关。

对于黑格尔来说，概念的这个意义极为重要。康德-费希特的唯心主义对认识的问题提出了这样的解决方案，即思维本身为自己创造了对象：如果世界是我的表象的话，我的表象当然就与世界一致。黑格尔感到这是一种不能令人满意的主观主义，但是，简单地重新搬出幼稚的观点——我们的表象直接反映了客观现实——不再具有可能性。而是需要有一种精神的客观性，以使我们的表象去理解与那种现实相一致的真理，这种客观性能够做到这点是由于它就是种种外部真实状态的意义、内容和有效的东西。精神以认识真实事物的方式，临摹出一个近乎预先塑造的形态，但是它却必须是**精神的**，并且没有将物质本身吸收进自己的内部。认识不仅仅是纯粹的表象并超出了主体片刻的意识活动，认识是**以精神形式**将事物包容在自身内部的、或者与此形式相一致的、或者精神客观性的载体的表象。因此，我们能够称之为认识之原本内容的和最终最基本地表明自己是"概念"的东西必须是心灵-主观的过程和客体之间共同的东西，即一方面以心理的形式，另一方面以外部的形式呈现的东西，并且以此方法为心理形式提供了保持有关外部形式的"真理"的可能性。主观表象和客观真实之间的生疏使认识一再成为问题，由于两者中各自包含着同样的有效内容，并且两者都是"概念"的体现，因此而得以缓解。所以概念对于黑格尔来说绝对不仅仅是一种抽象，一种通过忽略具体的个性差异而从种种具体事物中提取出来的一般性东西。我们也许通过已有的表象进行这样的分析和重组**获得**概念，然而认识用这种获得的东西**所指**的，完全是事物具体的实际内容，是客观精神的永久性语言中的事物，这似乎早于这个事物被翻译成时间性客体的语言和时间性精神的语言。

此时，这个实际内容还是无生命力的东西，是一些完全并列的概念。为让真实状态的灵活性和形式像认识的灵活性和形式一样在客观精神中找到它们的内容和桥梁，这些概念可以说必须进入流动状态，它们的关系和发展也必须有一种方式，它同样在精神上是客观的，并同样对两种实现形式有效，就像它们的内容所显示的状况那样。作为这种灵活性的形式，黑格尔发现了逻辑。

平庸的和本身极不充分的定义首先进一步增加了如下认识，即逻辑确定了我们应该如何思维——不是我们如何真正思维，这理当是心理学的事情。这个定义需要补充：我们应该按照逻辑思维——不是全然如此，而是只当我们想要**正确**思维时。谁如果对正确思维不感兴趣的话，这种情况可能会出于幻想、宗教、有实际目的的自我欺骗等各式各样原因而发生，对他来说逻辑的命令就绝不存在。至少一如既往，种种概念的逻辑联系是它们的客观关系，这种关系虽然能够在我们对它们的主观思维中得以实现，即使不这样，它自己也会在意识完全偏离逻辑时把它自己的性质作为一种相对于意识的规范保持下来。概念的逻辑联系只在**正确的**思维中才完全彻底地得以实现。但是，这种思维之所以正确，显然是因为思维内容按照概念逻辑联系的客观意义——或者：思维的现实对象——而相互有关，这些关系正是在逻辑规则中被表达出来：当种种概念按照逻辑联系来表现、排序、发展的时候，这些也正是这些概念所指的**事物**的表现、排序和发展。事物表现为有逻辑的，否则我们就不能根据逻辑来可靠地估计它们。在直接的现实中，种种逻辑形式的不明确程度，就像现实中的概念的明确程度一样；只是，像事物的质量按其精神意义在概念中得以表达出来那样，它们的相互关系也这样被表达出来，此物与彼物的前后顺序在概念的上下逻辑顺序中，在它们逻辑上的包容和排除关系中，在逻辑上的推理方法中，也相应地被表达出来。现在在内部的-心理的形式中同在外部的-生理的形式中一样，由逻辑来确定世界内容之种种关系作为**运动**而出现。因此，概念的种种逻辑联系，首先是逻辑推理中的种种结论，可以被称作概念的运动。它们本身肯定不是像在我们心灵中或者用物质对象所进行的运动那样来运动；但是种种逻辑关系把在两种形式中作为运动而出现的东西展现在其精神意义中，它们是在客观精神的形式中进行的运动，是内部和外部现实之有意义的内容的运动。至此所阐述的这些将只能被看作是对认识纯粹的描写和分析。拥有自己的客观心智的种种概念及其遵循逻辑的发展作为组成部分，至多作为辅助性建构而出现，认识的事实，主观思维和客观此在之间被称作"真理"的关系的事实，不可避免地表明了这些建构。然而，这一切只是黑格尔形而上学的基本思想的前提和准备。

一个主体的所有心理的思维运动和内容之所以相关相连，正是由于它们恰恰是**一个**自我的种种表象；

它们不独自在虚无中飘浮，而是同它们一起发展的一种心理在当时的各种状态、表现和结果；作为主观生活的所有认识是**一个精神**的展现，此时按照黑格尔的看法在客观精神中找到了自己的似相。这个似相的所有内容都相关相连，此时作为**形而上学的现实**而产生出来的精神，在这些内容中，表明与它们的逻辑关系，它全然作为"理念"出现。我至此把作为对认识的一种分析性思考的东西发展成为关于存在的一种声言。其内容和进化作为内在性和外在性并以协调此者与彼者的方式所显示出来的理念，如今还在另外一种不同的意义上有成为真理的可能性：理念，即在概念和逻辑发展中表达出来的事物的意义，是它们绝对的现实，在一切生理和心理现象中作为真正的和惟一的存在物而活跃着。因为，精神的运动状态假如没有相同的存在寓于它们之中，如何通过逻辑途径获得与自然的运动状态同样的图像、状态、内容呢？假如不是理念，不是所有通过事物的运动而相互关联的概念的统一性在我们的内部和外部遵循种种相同的法则的话，事关外部事物的真理又是如何存在于我们心中的呢？不是作为两个世界的一种偶然的和谐，而是两者都是同一种形而上学的、作为客观心智而活着的存在之不同活力和形态。这种存在是一种不断**生成的**存在，因为我们在通过种种推理理解真理，也就是通过精神内容的一种**发展**。在我们从上句和下句获得一个结论句的同时，我们的精神也几乎是沿着事物在表象中的顺序行进，这个顺序便是真理的实质。我们得出的每一个结论都以这两种不同的方式实存着：它一方面是一种纯客观的关联，一种纯逻辑-概念的发展，此关联有着一个理想的真实状态，在它之中没有先和后，因为从意义上来看，上句的确不比下句更早，并且两者不比结论句更早；另一方面，它是一个主观过程，将这种客观的真实情况引入一个心理上的真实状态，而且此过程中有先和后。真理本身是永恒的东西。但是这种永恒性中蕴藏着那种思想的发展。绝对的存在有着结论的这种永恒的运动状态，这种运动状态就像在外部事件的运动中那样，也同样在我们意识的运动中具有时间性。承载着世界过程的最终现实是生存在逻辑发展的客观性中并使人领悟一切"历史性"事件的先后顺序的"理性"；因为这种领悟意味着，理性在它形而上学的现实中——人们会用一个有些离奇的表达来称之为"世界精神"——让正确的思维过程同它对象的种种运动一样，在心灵中按照那些相同的规范进行。

因而，"一切现实都是合乎理智的"这句黑格尔名言中的理智性绝对不像我们在称赞一个人的行为方式时所说的"理智的"那样，具有乐观的意义。这句话的意义其实是：一切现实的内容是通过我们的理智才能被领悟，所以，一种客观的理性，一个自行运动、成型、发展的理性必须作为核心成为一切现实的基础。所有现实之物在逻辑上的可领悟性本身在逻辑上将不可被领悟，如非理性恰恰是这种现实之物真正本质和形而上的生命。

黑格尔借助这一切提出了一个崭新的、形而上的深化的生成概念。他的方法是，把发展概念转用到事物和事件的客观精神的意义上，这个意义凌驾于一切有时间性的现实之上。如果我们通过概念性思维的结论领会了世界的各种进程，那么它们的精神发展，它**们永久的生成**，就由此显示出来。存在的每个阶段都在世界的历史过程中超越自己，如同并且也因为说明世界过程内容的种种概念在无止境的逻辑组合和演绎中，总是从自身之中创造出意味着关于那些外部形态的真理的各种新概念。从存在的现象千姿百态的多样性中产生的全部生成都被拯救了，并且——正因为这是生成——在理念的统一性中联合起来，那些现象的意义显然构成了思想的各个发展阶段，就像我们的思想过程以暗示和片断的方式，作为我们自我的统一性而连接在一起那样。

以此看来，这个世界过程真的是**一个**过程，发展的思想有规律地领会了世界过程之相互偶然出现的基本要素：永久-概念性的意义和历史性的过程——如今这些继续获得以下说明："理念"的这个发展过程处处都遵循同一个周期性法则。概念的逻辑要求在大小纵横各个方面，在我们的内部和外部都组织此在，以至于它的每个阶段，事物和知识的每个实际内容都自发地并且朝着自己的对立面推进。每个是都要求自己的否，每个否都要求自己的是。但是这个对立面本身又是一种单方面的东西，精神不能停止在这两个单方面构成的矛盾里：正面和反面必须汇总为一个更高的统一性，在此之中任何一方的意义和价值都被保存下来，但是它们的对立性得以和解。这就是精神用以建造世界的命题、反命题和综合的模式。现在这个综合作为更高级别的概念位于两个更密切的和相反的概念之上，或者作为同时照顾到对峙双方之利益的公共机构，或者作为以和解意识解除羞辱和傲慢的欲念的宗教——这种综合本身始终是个单方面的东西，即便它是一个更高级别的事物，此时又在它这个层次上找到了自己的对立面并与之共同构成一个综合。世界的每个阶段或者内容都极力通过这样的方式超越自己，这个对立、和解、和解者形成新的对立的过程永无休止地进行下去。与斯宾诺莎的相同之处是，黑格尔也认为任何确定性都是一种要求得到补充的否定；但是否定在这里不是通过自己作为原本非现实的东西立即被掷入一般存在的深渊之中的方式，而是在将单一的确定性与其对立面统一起来以使此统一性随后以无限的更高形式向绝对和整体发展的、无终极的过程中得到补充。生成——或者作为生成的世界——在这里并不简单地是最终的事实，而是对于世界内容本身的逻辑结构的表达。

另一种存在，某一世界情形的对立面，在其本质中包含着它在自己的对立面这里——并且是在与这种对立的和解之处——又重新回归自身，这个定义使上述情况更具说服力。在一种状态、一个思想、一件事物、一种命运找到或者创造了自己的对立面，并以此造就了高于它自身的东西的同时，它回归到自身，在朝着不再是自己本身的东西，朝着在其中与这个对立面联合的东西的转化中，它发现了自己——它的更高、更纯、更完美的存在。任何事物只有自身接纳了自己的对立面，才会完全成为它自己。我不想对这个思想的逻辑辨析或者有懈可击进行探讨；它最多属于只是在与种种单独的真实状态有着形而上差距的情况下才具有它们的"真理"的思想。包含在每个是中的明示让这个是实现了它合适的意义，在否的这个明示中，包含着一种对于此在之悲剧的深刻感觉。但是，此中也包含着以是和否相互共同迫使形成更高层次的是的方式来通过发展思想而使悲剧达到的和解，这个更高层次的是才保证每个对立面能够生机萌动并消除其迄今的对立面用来钳制它的屏障。在基督教的世界观里，对于存在的这些内部的、一直延伸到根源之处的矛盾的感觉常常有足够的活力，即使没有起到原则性的作用。但在这里，它们从外部，从一个超验的、按其本来意义与真实事物的对立性毫无关系的东西那里得到和解。黑格尔将此促使和解的"星辰上的精神"引入世界过程之中，此处所称的精神即是这种过程本身的逻辑必然性；和解现在不再发生在事物之外，而是在它们之内，对立面是令单个事物近于死亡的需要，为的是以克服对立面和自己的方式作为它本身更高层次的东西而再生。单个事物发展成思想，并为此而必须转向或者引出它自己的对立面，以便在与对立面的综合中保持它的定义。这就是黑格尔哲学的核心，它以此而赫然成为最激进的生成哲学：在这里构成世界绝对现实的逻辑过程**不能够**达到任何一个没有对立面并因此而没有继续发展的点。存在几乎是在那永无尽头的生成道路上才实现了它自身。

当人们把最主要的兴趣放在将世界诠释为一种绝对的生成时，命题、反命题、综合的公式才会展示它最大的深度。因为比起人们让每种特定的存在本身与其对立面联结在一起来，即与一种只有通过一个过程、一个事件才能引起的矛盾联结在一起，以至于存在在每个阶段只通过一种无限的发展才达到它自己的更高层次并以此而实现自我，存在不会更彻底地化解为生成。除了恰恰在这个倾向这里展现出的推测的深刻意义之外，那种作为世界法则的公式却是不值得推敲的蹩脚货。它一方面过于广泛和过于微薄，另一方面却已过于狭窄和过于专横，而不能把丰富多彩的现象包容到自身之内。但是在我们看来，一种内在的困难更加显著，它损害着这种或那种生成哲学。假如那种世界公式有效的话，那么历史现实的**每一个**现象都会超越自身，世界过程按照其逻辑必然性是一个永无终止的过程和那种"整体"，在此之中，世界过程的每一个序列都会成熟和休止，世界过程也就只是一种理想的、在任何时刻都不会实现的整体。然而，这些也必须对于这种学说和公式本身有效！例如黑格尔把整个哲学史作为理念的自我运动，作为每个立足点按照要求对立和综合的内在逻辑向更高层次的迈进来发展，但是他自己哲学的内容正是对这些哲学现象的解析，因为他自相矛盾地把自己的哲学宣布为发展不能再超越的终极点。并且，如果这个学说符合事实的话，发展也**不能够**超越此终极点。这样，他就在这个圈子里打转：如果他的学说成立，那么它必定通过一个更高的，即通过一个更高层次的、的确更真的学说来接替；但是如果这种情况发生了，这个学说就又不是"真的"，或者至少只是暂时的、对于精神的某一发展阶段来说有效的"真理"，恰恰黑格尔会最坚决地拒绝接受它的相对性。黑格尔把人类的政治史看作一种逻辑性的、超越了每一停靠点的发展，然后称赞他所处时代的普鲁士国家是**绝顶**合理的，也就是无需继续发展的国家形式。不过，这种自相矛盾最终只是对普鲁士国家作出的断言，而根本不是对历史作出的解析失效，把这个原则运用到哲学史上，也就是**运用到自己身上**，则是另外一种情况。如果此发展原则也对认识有效，那么它就毁掉每一个具体发展阶段想成为最终阶段的要求；也就是说，如果一个阶段的内容恰恰是：一种永不终止的生成和自身超越是事物的本质，那么这个内容就含有一种自我批判，而让它的有效性无法与之抗衡。我可以暂且不去讨论，从自己本身的原则出发使一种绝对真理更有可能成立的种种存在哲学是否并未立足于一个同样不可靠的基础之上；因为要使有一个永恒和绝对的真理成为一个学说的**内容**，首先必须确定，一个学说之所以称得上是学说，也可以说在形式上要能够实现种种绝对的真理。因为存在着绝对真理的断言必须自己本身表现为绝对真理——也就是以自己本身的有效性为前提！我可以暂且不去讨论，这些相反的形而上学论是否也同样遭此无法解释自身的厄运，然而这样一来，生成的形而上学就明显地落入这个不幸的境地。"一切都在流动"的所谓真理本身就是一个"在流动"的真理，它本身宣布的法则决定它也要被另一个而且是相反的真理接替；赫拉克利特极可能会用他的表达方式来这样谈论它：对此我相信和对此我不相信。这却在削弱这个学说本身：它可以把存在的一切都说成按其本质是在流动的和流逝的。在没有使这个说法也对所有其他内容的有效性成为幻影的状况下，只是没有去谈论此说法本身的内容。任何一种发展理论都受此命运摆布。尼采的训诫是，人，即每个不同发展阶段的人都必然被超越，那么这个训诫本身也会被超越，也就**实际上**全然失效。种种生成哲学，尤其在它们上升为发展哲学的最高阶段里，全都无法摆脱这种隶属于自己的逻辑结论，如果它恰恰**完全**为真，即也可以被运用到它自己的身上的话，那么它就不会完全为真，而是必须拥有一个在于自己之上的更高认识阶段。

思维的这种典型悲剧是否有可能化解，或者人们是否必须停留于——可以说对于认识实践是足够了——听从命运的摆布，即在精神的东西中那些必须用"基础"这一比喻来指称的东西，通常比那些建立在它之上的东西更不稳定和"更缺乏基础"，可这里不是探明这些的恰当之地。但是，这至少说明：我们认识和了解一切认识的那种悲剧性矛盾本身这个事实，为精神提供了不被这个矛盾吞噬的保障。

第三章　论主体和客体

　　如果人们在寻找一个基本事实，它能作为一切经验和一切实践的一般前提，作为思维的一切推测和经历的一切苦乐的一般前提，那么也许可以这样来表达它：自我和世界。我们所能谈论的此在的全部进展，首先有赖于主体面对的客体之丰富性，无论它们是他所热爱和憎恨的、他所认识和处理的，还是促进他的和阻碍他的。就像上一章作为基本出发点来阐述的此在，惟独它的那个可以说单环节的基本事实是如此的少：即世界**存在着**，作为一个意识中同样直接的事实，现在的这个双环节的事实也从一开始就很少驻扎进人的意识之中。如果我们可以按照与儿童的发展和原始民族的某些心理现象的类比来加以评价的话，那么主观的心灵与它所面对的种种客体的世界的区分，属于人类历史一个比较晚的发展阶段。世界连同它所激发的意志行动和感情反应被简单地接受了，人们认为，这种接受是面对所有那些处于一种惟一的、几乎是孤单的实存方式中的内容的主观心灵的行动；人们还认为，从另一方面来看，这个世界具有一种客观的实存，与心灵的关系也跟与它其余的任何一种内容的关系不同，这种想法与幼稚的思维相距甚远。所见和所闻成为内容，成为世界；但是一个主体是观者和听者，这样构成的世界是一个内心的世界，除了这种图像性质，此在也还具有一个独立的性质，这显然首先是一种长期脑力劳动的结果。人首先完全客观地接受了世界，然后渐渐塑造出他的主体，即一个面对世界和反映世界的自我意识，这个说法本来是错误的。而实际上，那个第一图像的主观性和客观性同样微弱，它完全超然于这个对立面，受到被简单接受这样的冷遇：而主体和客体以同样的速度在发展，因为此者只有在彼者那里并在其与它的对立关系中才能够获得自身的意义。这种分离，对世界事件这种新的明确区分，当然不是为了永久地持续下去而在一个历史性时刻出现的，而是我们的表象大部分还一直都在主体和客体的那种未分离状态中完成：各种图像绝对地存在着，只有特殊的机会将它们纳入那些把它们从内部加以切分的范畴之下。但只要它们到达了一种原则性的意识那里，最初立足点的幼稚的稳定性便让位于一种形而上的不稳定性的感觉以及现在要在更高的层次恢复统一性的问题。这个统一性如今叫真理：主观表象和客观存在的相互一致。它自身内就带有成功和不成功的机会，这种机会对于原本不分离的事实来说是不在考虑之列的。现在我尝试阐述一下哲学用来掌握这种二元论的那些最主要的方法，主体和客体的对立力图从这个二元论出发来发展它们相互一致的可能性，它们无论如何也坚守的统一性。

主体或者能够绝对地保持自身不变并以此将客体包含在自身之内，或者能够从自身中创造出客体，或者能够从自身中排斥它。古希腊的诡辩术就属于这样的倾向。这里可能首先是真理的问题在重大的和原则性的意义上产生出来，主体和客体之间的对立关系肯定已经能令人感觉到，然后这种对立关系曾在诡辩家一贯的争论癖和刚愎自用中作为他们更深层的主旨延续下去。其他的人最终也是一个客体，主体面对这个客体感到陌生，感到它与自己势不两立。诡辩术自知对这后一个事实只能甘心情愿地接受，这就使主体在另一方面前不惜一切代价地去站稳脚跟，甚至不惜信口雌黄地强词夺理来封对方之口。这样，诡辩术也就否定了客体的实际存在，并使其表面上的现实状况转化为一种主体的性状。在普罗塔哥拉（Protagoras）[①]的命题"人是事物的尺度，是衡量存在的事物之存在的、不存在的事物之不存在的尺度"中，由于精神有意识地与其内容分离而在世界观中产生的一种遇到疑

---

① 普罗塔哥拉（Protagoras，约公元前485—约前410），古希腊哲学家。——译注

难问题的感觉，以一种奇特的方式与精神目空一切地从自身出发来解决这个难题的把握性混合在一起。因此，决不能把普罗塔哥拉"使较弱的观点变成较强的观点"的做法看作是他的轻率圆滑和辩护花招。这只是极端地表达了，精神赋予实际情况以重要性，而它们从本身出发对精神就不加反抗和无法确立自身的重要性。

这种对于主体–客体问题的态度——即使是在十分不同的转向和发展之中——是以施蒂纳（Stirner）①的惟一者哲学才真正重新活跃起来。能够称作客体的一切这时还包括主体天赋的、必须以某种方式从自我抽象出来的种种定义，对于施蒂纳来说，这一切的全部意义在于为自我所使用。客体面对主体丢掉了它的难题，因为它除了被主体享用外，不以另外的样子存在着，完全不会在其他方面被纳入考虑之列。所以，如果说作为理想的真理对于施蒂纳来说不存在的话，是完全符合逻辑的。他不需要真理，因为真理注定要逾越的主体和客体之间的深渊在这里实际上已经被主体方填平了，或者原来从一开始客体只是在进入主体之中才成为现实而被否定掉了。在此期间，只有费希特的唯心主义和他的唯我论的–主观的仿造提供了极其纯粹的解决办法，所采取的方式是——用随便的说

———————————

① 施蒂纳（Stirner, Max, 1806—1856），德国哲学家。——译注

法来表述——客体本身在这里只是一个形式，惟一现实的主体的生命在此形式之中进行着①。只是此后不可避免地会提出的问题是：如果客体的确只是意味着一个表象，一个纯经验性的现实，那么要客体究竟有何用？也就是认识究竟有何用？探询客体和真理的意义的问题从任何一个客体本身来说是无法回答的，因为对于费希特来说只有自我及其意识拥有完全的现实性。这样，他就必须在一个原则上不同的领域中，寻求为理论性的东西建立超理论的基础：在"应该按照存在出现在经验性自我面前的那样去阐明存在"这一道德规范中，道德的能动性需要存在的对象有效用。这里出现的问题是基督教——尽管是出于一个完全不同的立足点——不能解决的：世界有何用？如果灵魂按其本质是为天国永恒的幸福而确定的，又为何要绕道世界？这里却是从灵魂的内在意义出发来回答这个问题的。因为自我是活动，并且这种活动只能在一个对抗它的对象那里成为真实。战胜这种对抗却是它作为活动的本质，就如艺术工作不能创造出雕像来，倘

① 费希特的依据是康德的学说，即经验世界只存在于形成其表象的人的意识内部，而且受到意识的种种形式的限定。只是经验世界对于康德来说，从一开始就仅意味着对它的科学认识印象。某一独立于知识的存在实存着，对这一点，他的研究工作没有表现出任何兴趣，因此也不对此加以否认。这便是为什么康德没有否认"万物本身"之实存的原因。但对于费希特来说，重要的是存在问题，不仅仅是知识问题。

若大理石不对它进行对抗的话，在抵御这种对抗的过程中，艺术工作便塑造出它的形式来。基督教只有通过上帝的旨意，苦行主义观念只能通过转变方法，自然主义观念仅仅通过承认和封锁每一个"有何用?"甘心接受世界上讨厌的和阴暗的事实。在此找到了一个意义：自我创造了客体或者世界作为它自己的表象，因为它有效用，并且效用本身需要一个对象。这从主体本身的立足点出发，以最纯粹的前后一致性表明了主体-客体问题的解决办法。是否这种思想的伦理和形而上学的深度就自然而然地足够赋予它理论上的可行性，在这里暂不讨论。

第二个解决办法起始并终结于客体。主体被置入客体的实存形式，客体可以说否认主体并认为只实存着一个安分守己的存在，这个存在不会再一次以主观的形式拥有任何一种独立的存在状态。属于这种情况的首先是人们常常称作自然主义的一切——无论是以唯物论的还是以其他的形式；因为在此需要克服的主体和客体的对立，完全与心灵和肉体的对立不相吻合。情况很可能正合乎唯灵论者之意，即整个客观自然界就其形而上学的本质而言，是心灵上的和精神上的；可能正相反，即人内心的种种心灵过程是某种在此相同意义上的"物质性的东西"，就像电流或者神经过程那样。到底何者是另一方的实质状态的那些问题，仍然丝毫没有触及主体和客体之间的关系——在主体和客体曾被放在相互对立的位置之后，任何一方都获得了诸多特殊的确定性，这些确定性中的每一个都通过它们各自与另一方的对立获得了它们的特性。主体作为自由的、统一的、作出行为的或者承受行为的、历史性的生灵出现；客体作为各种基本成分的一种关联出现，这些分子中的每一个都有必要通过这种关联被确定下来，作为一种铺展开的多样性，作为有力量天赋的和运动的，然而却没有行为发出者和行为承受者那种特点的东西，作为被永恒的、超历史的诸法则塑造出来的形态而出现。每一个这样的定义复合体现在尽管只有依仗另一方才能这样去形成发展，然而也正是从这个相对性出发来使自己绝对化，并把另一方的反向意义吸收进自己的意义。这便是自然主义作出的努力，因为它想使主体的所有确定性服从客体的确定性；它们相互的陌生和对峙的绝对性，被下降到拥有同一主体的自然客体各组合和发展阶段之差异的相对性中。在出现所有其他的、内容上的偏差时，莱布尼茨的单子论用更精确的形式给我们的问题提供了相同的解决方案。

依莱布尼茨之见，事物最终的现实存在于点状的、自身全然封闭的物体的，也可以说是"形而上学的原子"或者"单子"的一种无限性中。它们构成了一个秩序和等级顺序，其种种区别只在于同一个定义的各种程度：活动或者意识，后者在最低级别的、物质性的单子中几乎处于"睡眠状"并在最高级别的东西里，在上帝那里，在绝对的、不受任何非精神的东西阻碍的范围里存在着，而在我们作为自己的心灵来认识的单子中就出现了一个这样的阻碍，它在动物的种种单子中总是不断地排斥意识的能动性。每一世界基本成分的这种被无限划分等级的意识的内容总是世界，每个单子的本质是形成对所有它物之总体的"表象"，它们的生命在与世界的思想关联中延续着，每个单子都被和谐地排入世界蓝图之中。每个单子以此方式都同时是主体和客体，它直接在同一行为中身兼二者，而且在此之中有着它本质的统一性。一个个单子虽然是完全个体的、自主的和独特的，但是一种真正主观的生活它却是没有的，因为反映世界是它生活的全部内容。这个世界当然只是由其他的、经历着相同的——只在程度上各有所别的——命运的单子组成，而世界的此在即是这样的相互作用，在此相互作用之中整体只是由各部分之和以及各部分的关联组成，各部分却存在于活跃在有着无限明暗层次的种种意识范围里，活跃在每个部分里的整体的生命中。这种绝对的客观性构成了每个单子的此在，这些单子被纳入宇宙的总蓝图之中，它们和这个宇宙总蓝图在整体不被摧毁的情况下已相互不能脱离。这一切都说明，世界作为客体不包含任何**相对于**它的主体。排除对立在这里是关键，原先的主体和客体是以对立的形式构成的。单子并不是在唯心主义的意义上构成世界的表象，唯心主义的自我还一直过着某种独特的生活，并且就其内心最深处的感觉来说，它不需要构建任何世界；单子却与此相反，世界的表象就是它的存在，它没有客体，而它就是客体。所以，莱布尼茨认为，世界纯粹是由主体构成的这个说法是错误的。单子完全是客观的世界表象，也就是一个由诸多全都有着相同内容的客观世界构成的世界。它们相互提供这个内容，也可以说它本来就没有置身之外。一切此在都是心灵中的，物质的东西只是心灵中的东西的种种限制和压抑，它具有或许可以称作主体形式的特殊形式，但仅作为每个此在都特有的"感知"的升华和提纯；莱布尼茨把世界表象这种特殊的、却总只是逐步的提高称作"统觉"；它的意思是，生物不只形成对世界的表象，还形成对**自己本身**的表象。当生物不仅意识到世界，而且也意识到它自己关于世界的意识的时候，它知道自己是世界表象的一个载体，它在某种第二位的意义上就自然与世界对立。只是因为它也仅仅是世界存在的一个发展阶段，与最低等的动物和最高等的上帝通过无限的中间阶段持续地连接着，所以，这个统一的客观秩序就包含着主观性的现象，这种主观性毫无例外或对比地以各种不同的程度穿越整体。

解决我们问题的方法的这种对立面在一个最深刻的倾向中运动着，这种倾向最典型的特点是，这些解决方法在两种情况中都能作为主体的客观化被表达出来。因为对于最早的那个尝试来说，重要的的确是给主体提供绝对的存在、独立的创造性、不可估量和不可剥夺的丰富内容，就像这一切对于比较幼稚的观念来说应归于客观世界那样；所有统治着客观世界的这些规律性都只是客体的自身规律性：主体可以说是接受了客体的精密性。客观主义从它那方面在较大的程度上让主体摆脱了漂游的、总有些基于任意的和无法恰当地"确立"的存在形式，对于通常的观念来说，主体正是以这种存在形式从客体的一致性中凸显出来。两套相互如此对立的理论都来源于那种隐蔽的无把握性，当主体从自身内部还没有分解的世界观之无拘无束的统一性中脱离出来并独自面对客体的无限性时，主体不可避免地会感觉到这种无把握性——主体难以摆脱的一种局面，原因首先主要在于，主体通过否定客体的那种一致性的方式把自身提升到此在的绝对性，其次在于，主体可以说是在客观的此在本身这里寻找庇护，使自己服从客观此在的法则并以此来从客体方面突出它令人惊恐的对立面，通过放弃独立自主性来达到与在那里通过过度提高的方式相同的目的。然而，这两种类型中的任何一种都没有真正解决问题，而是每一方都各从一个方面来否定对立（面），并以此只撤销了问题形成的前提。主体的客观化在这里要求付出代价，不是概念中的这方就是那方从一开始就减低精确度，以使一个真正的综合再也无法实现。

这样否定问题的另一种方式——不是从一个方面，而是可以说是从上方——我们可以在一元论中遇见，它让一个绝对的存在均等地包含主体和客体。奥义书①的教义虽然教诲说，为了掌握最终的真理，人必须潜心于修身养性直至到达自我最深层的心底之处。只是人们在此心底之处找到的已不是主体，而是高于主体和客体的一个绝对之物，因为它是完全统一的东西和惟一完全现实的东西，在此之中任何二元性——我们幻想的非现实构成物——都无立足之地。从表面上和语言表达上来看，认识者的客体虽然是他本身的自我，但是从形而上学的真理来看，这既不是主体，也不是客体，因为这样就需要以意识的二元论分裂为前提条件，以至于使自己成为它本身的对象，这种分裂只会在制造假象的表面发生。那里的说法是"人们无法认识认识者"；这就是说，他不能成为客体。在将认识和被认识之物对立起来的经验性认识之下有一绝对之物，只有这个摆脱了对立的绝对之物才同时是原本的和惟一的真实状态。有一部分人类认为只有不出现的东西才是现实的，把所有直接的事实看成是虚表和假象，而另一部分人类却让超感性-绝对的东西和感觉上已知的东西毫无保留地互换了角色，这有点令人震惊并且这种震惊进入思维的基础中散播开来。斯宾诺莎不全是凭感觉-神秘地，而更大程度上是有思考-推测地让这个主旨转了向。出发点在这里立刻被超然于主体，即位于无限的"实质或者上

_____

① 奥义书系印度教古代吠陀教义的思辨作品，是后世各派印度哲学的依据。——译注

帝"；实质是完全必要的东西，因为它的不存在会是
一个逻辑上的矛盾。我以前曾尝试把此概念作为"存
在"来解释和评论。对于现在的关联来说关键的是，
思维到达了一个主体和客体的对立触及不到的境界，
而且恰恰是因为这个境界是两者的真正的现实。因为
存在对于一切存在者来说都是共有的，只要事物之间
存在区别和对立，它们因此就并**不存在着**。把它们分
隔开来的特殊存在就只能是某种完全负面的东西，即
存在的一种否定（这种情况当然表明是存在同全体存
在之物的一种混淆）。所以斯宾诺莎说，一切都由上
帝推断出来，而同时，任何有限之物都不是由上帝推
断出来的。用我们提问题的语言来说：因为主体和客
体均等地从存在推断出来，或者：存在存在着。正因
为如此，它们相互形成对立的东西，即它们有限的和
个性的形式，不能同样属于上帝的或者绝对的存在。
只要那种形式存在着，并且将事物和人与主体对立起
来，尽管它的确是一个纯负面的形式，就此而言主体
在受苦。只有当心灵认识到一切事物所共有的善，也
就是上帝，这种苦难才解除。这种对峙和解除再次用
这样的思想来实现：我们会遇到无数矛盾和不满，这
是因为有目的行事的我们也同样按照这样的目的来评
价存在（上帝或者自然）和要求实现存在。这种矛盾只
有通过这样的认识才会消除，即无限的现实之物任何
时候都不会主观地，即有目的地行事，而是完全按照
它本质上的统一必然性来行事——主体的目的意识作

为一个现实也是从这一必然性中产生的。从永恒者的这个立足点出发，主体和客体之间的反向追求消失了，因为可以说两者的相反存在消失了。

谢林提供了这种形而上学解决方法的第三种类型。主体和客体相吻合是一切知识的形式。但是只有当知识获得绝对之物即上帝作为内容时，这种吻合才能实现；只要知识停留在那些较低的级别上，就总是存在着一个不相符的状况，这种状况只有在每一方都无限完美之时才会被克服，而每一方也正是以这种完美通向永恒者。这个绝对之物的本质因此不能再用一个具体的概念来指称，而是原本只是负面的，任何区别都会消失，用谢林的话来说：是完完全全的无差异性或者同一性。这就绝不是相对于特殊之物的一个一般之物，就像不考虑事物区别的、抽象的概念统一性那样，而是它位于这种对立的之前和之上，并包含着一切对立的可能性，也同样包含主体和客体的可能性，大致类似种子孕育着朝所有方向生长的植物。尽管主体和客体的对立很少涉及这种同一性或者统一性，但是对于哲学的视线来说，到处只存在这个不能超越自身的绝对之物，即这个知者与被知者的同一性。事实上这个统一性的确朝着两极分化，谢林将这两极称为精神和自然，它们也同样能够恰如其分地叫做主体和客体。面对绝对之物在一切表面上的演变中持之以恒的同一性，这种分化意味着，面对绝对之物始终处于表面上变化的同一性：在具体的现象中，时而这一方，时而那一方，占据上风。事物的个性化过程不像在斯宾诺莎的观点中干脆遭到拒绝，这个做法当然也充分地解答了反命题；而是谢林试图将事物的个性化从一个**数量的**差异中推导出来。绝对之物本身恰恰包含着那种对立，虽然不是从本身，而是按照理念和从现象的立足点来看，其各方在不同现象中的分布几乎是各式各样的。时而这一方占上风，时而那一方居要位，而绝对的实体作为统一之物没有显示出更多或更少的数量差异，而且每一极的形而上学的差异并不因此而受到损害。这个解决尝试没有完全达到概念上和观点上的明晰程度，这难以做到，就像人的悟性天生难以从一个最终的、绝对的统一性中发展出形形色色的实际情况的多样性来。我们生来就被设置成这样，以至于我们只能从发挥作用的最基本组分的一种**二元性**（或者根本就是一个多数）来**理解**一种丰硕性，即新的构成物的一种创造：独一无二的统一性始终是无创造性的，我们在其中无法发现它为什么会在某一时刻从自身中释放出一个构成物来的原因。我们认识能力的结构让我们只能够从若干个因素的共同作用，而从来也不会从一个独一无二的因素的绝对统一性出发去理解一种生产；这种认识能力的结构或许源自于两种性别的事实，两性决定了我们本身的生命，将它的形式深深地置入我们的整个本质之中，并以此方式使二元性成为精神秩序的基本模式。不过，在"第二者"的必然性之上，在我们的种种思维必然性几乎可以说是有机的多元性之上，一而再、再而三地出现统一的需要，在最终的差异没有进入一个绝无仅有的第一者和惟一者之前，这种统一需要就不会静止下来。但是只要推测一旦达到绝对的统一性，就不可避免地发现这种绝对的统一性没有能力去创造真实世界有目共睹的多种多样性，然后就必须寻求用某种方式得到或者暗地里引入一个去丰富世界或者被世界丰富的要素。我们内心中的一元性和二元性两种倾向能够相互靠拢，却又不能相互取代，两者的这种相互作用既使个体思想者，也使哲学思想家，甚至或许还使一般思想史得到发展。令人产生浓厚兴趣的是，在一般思想史中去观察对令两个部分都满意的种种基本概念的探索。希腊哲学最终把统一需要提升到普罗提诺（Plotinus）[①]主义设想的"太一"（Ein）：这个"太一"是绝对和神性的东西，它高于存在，高于所有的质量，高于任何的主观性和客观性，并因此只能按其纯形式的功能来命名，即无论如何只能是太一。从这个**太一**产生出了事物的多样性，不同程度的完美性，直至最模糊和混沌的现象，但这些现象仍然必须停留在绝对之物的作用范围内，就像在一空间里鸣响的一个声音，虽然也在此空间最远的角落减弱和中断，却仍旧是同一个声音。这在普罗提诺那里形成一种神秘的看

---

① 普罗提诺（Plotinus，205—270），又译柏罗丁。古罗马哲学家，他的哲学体系被称为普罗提诺主义。——译注

法，这种看法宁愿证实许多事物出自这个太一的发展的这种令人费解的状况，而不是否认这种费解的状况。在普罗提诺用他的推测所反对的基督教的形而上学中，绝对的、上帝的统一性与独自起源于此统一性的世界朝这方面扩展的关系变得更容易理解，可以说是更加设身处地地去感觉这种关系：通过上帝之爱的概念。爱本身就愿意这样传送、流露、创造自己。世界不仅必须存在着，以使上帝有他能够爱的东西；此为人类需要的一种东西。而且爱作为上帝统一性的内在本质直接就**是**创造、塑造，世界不是为了爱，而是出自爱而存在着。上帝本身生出儿子来就是这样的象征，或者最初是对于世界的表达和转化。现代看问题的方法看上去是想把另外一种特质赋予此在的统一性，这种特质毫无强大突变就由统一性和由统一性自身内在的必然性中产生出的多样性发展通过以下方式变得可以理解：被理解为一个绝对的统一性的世界是**一个有生命的**世界。所有我们知道的构成物之中只有一个有生命者在自身内部形成了完整的统一性，而且是一种具有通过和借助组成部分、有机组织、功能的多样性来生存的本质的统一性。单个的生命越向其完美迈进，就越是在更多的活动和这些活动的具体承担者中扩展，并从另一方面将它们全都概括起来：生命即是一种通过多样性形式发展的统一性。生命附着在一个主体上，越高级的生命越明显，而主体生存所依靠的组成部分、环节、过程之多样性可以说是客观状态，这种多样性以相对于主体的方式出现。有生之灵**具有**自己的有机组织、自己的种种力量、自己的实体，在它由这些组成的同时，多样性便**存在着**。接下来，统一的多样性的这种并存状态似乎被转为一种先后顺序延续着。于是，生命就具有了将自己塑造成后裔的一种多样性的本质，后裔以深奥莫测的方式与生殖者在某种程度上有别，但是却将其保存在自身之中。如果有可能按照一个生命过程的类比法从整体上观察世界过程的话，统一性和多样性之间似乎不可能有任何逻辑的和形而上学的联系，以至于精神被无休止地从此者驱赶到彼者，又被从彼者驱赶到此者，它们就会真的建立起一种"有机的"关系。如果世界在根本上是有生命的，那么就不需要有任何与它的统一性并列的第二原则；因为那显然不必非要使这种类比法变成两性生殖的原则，反正连动物都不是全部需要两性生殖。世界整体的生命对于我们来说不是凭经验能够观察到的，这可能是人与世界之间的体积差别的简单效果。如果一个蚂蚁对人的现象进行思考的话，那么它很可能就会把他当作一座山脉或者类似的东西，因为它无法从那种全貌来综观他的肢体，它们的相互对称、相互联系、每一个肢体与另一肢体之间的运动关联；当蚂蚁总是只能看到人的一个细微部分时，它也就不一定把整个人想象成一个在形式上有必要的统一体，而是会想象成偶尔聚集在一起的组成部分堆砌成一个硕大笨重的混合体。我们也很可能与此相应地从未把世界的整体作为一个统一的有机体来通观，因为我们原本的认识手段只是为了我们的生活实践所要求的可认知范围而设置的；只是哲学推测仅在思想上形成的世界观会以把世界过程想象成一个统一的**生命**过程的方式，来摆脱统一性和多样性两者中的任何一方，因为生命独自处在我们熟悉的所有过程的彼岸，并且按照生命内在的本质把统一性延展到多样性中，使多样性归总为统一性。

谢林没有尝试过，通过借助生命类比法来为他的主体-客体问题的解决方案吸收世界意义。存在是一种分成二元的统一性，至少可减轻一部分困难。当他把相互对立的两个原则从一开始就以某种隐蔽的形式置入统一性中，并使那些相互对立的现象通过这一或那一原则占据主要地位来具体加以解释时，他只是从本质的二元性中制造出质的一个二元性，甚至可以说，形式上的一种二元性。主体和客体之间巨大无比的陌异通过对形而上学的总称的这种创造却只产生了调解的假象。因为至关重要的是保持对立的鲜明程度，而整个问题一开始就放弃这种鲜明程度，并且现在首先要在对立的极点之间架起一座桥梁，而不是通过量的或者形式上的解释来减轻这种对立。所有这一类尝试都在它们自己解决这个问题的同时弱化了这个问题。反之，超验的统一性的解决方案并不能够使它们充分承认问题的确定性程度，即已出现的二元性的确定性。

除了主观型的、客观型的和形而上学－一元性型的解决方案以外，主体－客体问题最终还产生出了第四种类型的解决办法，对它难以用一个言简意赅的具体表达来指称。它将主体和客体这两个相互对立的世界现实通观为思想**内容**的一个王国，这个王国既不是主观性的，也不是客观性的；这些内容本身只有功效和意义，但是也只有这样，它们似乎才可能构成共同的质料，这种质料一方面进入主观性的形式，另一方面进入客观性的形式，并以此在两者之间建立起表明两者的统一性的关系。因此，人们可以把这种理论称作"第三王国"理论。我在上文中把黑格尔的思想作为客观的精神的概述就属于这个王国的内容。一方面，起决定作用的是这样的思想，即我们在认识中不仅在执行一个心灵的过程，不仅在体验一种意识，而是这个过程，这个意识具有一个内容，此内容在统一性不出现的情况下，也具有有效性。思维的内容是真的，无论它是否是被想出来的，恰如它在可能的情况下是假的那样，它可能是或者不是被想出来的。但是另一方面，与此相应的是同样根本性的东西：这个内容绝不是它所针对的客体的自然主义翻版。表象和事物之本身存在的不一致的唯心主义思想在这里仍然完全没有被加以考虑：种种对象不是"漫游"进我们的意识之中这个说法可能是对的，但是对于这里所采取的视角来说，问题从一开始就是另外一种状态。因为这里是一种或者能够直接在感性上被察觉的，或者能够在其存在中通过思维的某一条途径被领会的真实状态与真正的认识处于对立状态，这种真正的认识现在恰恰不像石膏模子再现出原物那样，再现出那种真实状态，而是在各种迥异的形式中运动，可以说是过着一种与真实状态完全不同的生活。毫不相干地并存着的化学元素的实际存在与倍比定律或者门捷列夫体系无关，日月星辰的运动绝对不包含万有引力定律的丝毫内容。而是这些公式在种种现实中被改写成一种与它们毫无共同之处的语言。正如"自然规律"在此作为最简单的例子，或许甚至仅仅作为象征来引证的那种东西，与将其引入心理形式的表象过程有所不同，它同样与将其引入现实的形式的实体和运动有所不同。由于主体和客体的分离，存在被分成在各种质和功能上全然无法相比的两个王国。但是被我们称之为认识的它们之间的关系之所以能够成立，是由于在此者和彼者的形式里体现着相同的内容，即本身超然于那种对立的内容。主体和客体的这种统一性是一种原则上与斯宾诺莎的思维方向不一样的统一性，按照斯宾诺莎的思维方向，主体和客体两者根据它们的存在升华为绝对实体的统一性，并且是它们实现其形而上学的实际存在的两种方式。而主体和客体在这里从本质上也仍继续保持着分离；但却存在着**内容**的思想宇宙，这些内容在此类这个和那个范畴下具有现实性，并且在这些真实状态的复合体的差别上建立起正是在它们中成为真实的**东西**的统一性，并通过这样的方法为这些复合体提供**真理**的可能性。这第三王国的发现——即便措辞和认识论的确定性还不够十分精湛——是柏拉图伟大的形而上学创举，此举在他的思想学说中产生了世界史上主体-客体问题的解决方案之一。

人们可以这样来描述此举，柏拉图发现了**精神世界**的事实；他首先使人意识到，一切精神的东西都根据其内容构成一个完整地自成一体的关联，而且我们个人的思维尽管是如此不全和零碎地临摹出这种关联，却从此关联中得出自己的真理意义和客观性。他用这个首先确认我们感知和想法之合法性的世界超越了所有至此找到的各种真理，真正获得了科学的原则。众所周知，这是对苏格拉底的基本主旨的深化再造。苏格拉底认为，对于一个明显丧失了实践直觉的纯粹性和古希腊生活传统的支撑，而且到处充满困惑迷茫、匮乏不足和主观武断的世界来说，事关重要的是为这个世界重新找到设立标准的坚固性，而不是倒行逆施地搬回业已失去的以习俗和权威、欲念和传统为基础的整治方法。在此他只看到一条道路——明了和明智的**知识**，它决定了一切低等的和技术性的物体中性能的质量，并且也会决定较高等的、道德的和政治的生命；即使在这里，孤立的和主观的看法也被一种客观的和普遍有效的知识取代。这种知识却只在事物的**概念**中能够找到；概念为经验中具体的、个性的、偶然的东西的成套方法确立了固定标准；因为经过对所有的意见和独立的方方面面的斟酌而产生出来的概念表明了应属于**事物**的东西，概念把握住了确定一切个体和单独举动的准绳的客观性和真理。他是这样研究了统治者、公正、政治家、勇敢的概念，他始终坚信，正确的概念带来的结果也必然是正确的行为，如同和因为一般真理也这样正确地决定了特殊的情况。

苏格拉底的思维明显地在概念表明这种一般真理的事实或者看法这里止步，因为他所关心的事情——为实际-伦理的举动获取一个稳固和明确的标准——因此而实现。这里出现了柏拉图提出的问题。如果概念应该是真理的话，那么概念就必须与其对象相吻合。多种在以往情况下可能出现的"真理"观点与概念还相距甚远：真理只是我们的表象相互之间的一种关系——一种和谐和一种相互解释——或者是思维同一个不能直接与之相比较的现实世界之间的象征关系。概念附着在一个毫无偏见的观点上，这一观点完全与希腊人在造型艺术方面趋于实体-直观的感觉方式相吻合，即真正的表象要相应地有一个与己吻合的客体，就像一张完美的画与其原型那样相互一致。真理只具有使概念与纯粹的感性知觉有别的种种限定：作为恒定不变的东西相对于摇摆不定的东西，作为统一和纯粹的东西相对于多样的和混合的东西，作为内在必要的东西相对于偶然随机的东西。因此，一个想法与对象相一致而成为真理，这一对象就必须同样具有这些质量。现在人们显然不能对感性的现实世界作出这样的断言；因为它是在一条流动的河中，正如赫拉克利特对此所形容的那样，它是多义的，令人眼花缭乱地形形色色的，随着它们自己不定的状态和感知者变换的立场和特点时而这样、时而那样地变化多端。所以，概念的或者真理的对象与感性世界必然有所不同。柏拉图称这些对象为：理念，即它们完全只是构成物，都是为了理解一个真理的存在而假设的。它们不是在某一条别的路上以独立的确定性被提出来，此后才被承认为真理的似相的，就像感性现实首先是曾经存在的，然后被感觉论者解释为真正的认识的客体那样，而是它们只是塑造形象-追求客观的表达方式，也就是概念即是真理，即是这样的东西，其存在的原因，其种种限定的成立必须归结并只有归结为一点，即概念为了成真恰恰在逻辑上要求一个客体。此客体就像上帝作为追求的、热爱的、尊敬的对象而存在时那样：上帝不是首先以某种方式已出现，然后再被追求、热爱、尊敬。而是一种追求、一种热爱、一种尊敬作为被感觉到的和作为有正当理由存在着的事实，并且上帝是为了使这种感觉拥有一个权利、一个支撑、一个逻辑可能性而必须存在着的对象的名字。且不去论柏拉图用来展示其理念的富有诗意的辞藻，这些理念的目的完全在于，让我们的概念有一个为使自己成为真理提供合法性的似相。后来的一个思想当然让真理观摆脱了这样奠定的依据基础。概念可以充分地在它们为经验性的和推测性的认识所提供的种种服务那里为自己找到依据，即从它们的功能和用途，而不是从为它们铺垫的基础出发；结论是：因为它们与感性知觉有所不同，同时也为真，所以它们也必须有一个不同于感性知觉的客体——一个形而上学的客体，就像意识有一个物质的客体那样，从希腊人形象直观的-追求实体化的思维方式出发，这个结论是可以理解的，但是却不太有效，就像人们为我们用来表示事物的艺术形式要求一个特别的并与实际-经验性的理解力所要求的不同的**客体**那样。

理念作为概念的种种似相具有与概念的逻辑关系、上属和下属关系相符的一种相互之间的紧密联系；它们在某种程度上构成了一个王国，这事实上也就是一种与结晶体毫无二致的王国，即经过实体化成为基础的"第三王国"的似相；在它形而上学的存在中生存着作为存在的心灵和意义的那种纯粹的事物之**内容**，这个内容本身不仅超然于探究客观-外部的或者主观-心灵的存在的问题，而且也完全超然于探究存在和非存在的问题。一个由其概念在逻辑上表达出来的事物内容存在着，发挥着效力，意味着某种东西，并因此像任何一个充满矛盾的幻象那样，不在相同的意义上不存在；但是像归属于一个具体事物那样的存在却不归属于它。柏拉图很漂亮地将此表达为，他把理念的王国迁入"非空间的空间"（τόπος ἄτοπος）。但是他从内容的这种特有的存在方式中，恰恰制造出了一种形而上学的真实状态，它当然也高于那些具体的、生理的或心理的真实状态类别；这个推测表明，他的神话让理念的位置从非空间的空间生成为天之上的空间（ύπερουράνιος τόπος）。世界的精神内涵的这种形而上学的生成，原本是柏拉图的创举，在哲学的概念形成中被它的"真实状态"分解出来，如今朝着相同的方向继续进展：理念也是原本的和绝对的**现实**，相对于这个原本的和绝对的现实来说，事物和知觉的所谓现实只是一种纯粹衍生出来的、表面上的、不真实的现实。**真理**的思想构成物从柏拉图这里又与希腊人的存在渴望相吻合地滑向**真实状态**①的实体性；结果是，作为经验的、单独的、直接的现实呈现出来的东西只是在它分担那种现实或者临摹出那种现实来才是真实的。它作为感性的已有之物，充其量是那种完全的、最现实的存在同非存在的一种混合。这里再次显示出希腊人没有能力超出存在——和非存在——的基本概念范围去获得原则上不同秩序的明确概念，即使这样的概念实际上在他的思想中以某种方式存在着和起着作用。在赫拉克利特那里，生成概念之十分初始的意义充满了他的思想，他的确把生成概念只能描述成存在和非存在的一个统一性。柏拉图把现象所具有的思

---

① 从柏拉图的一些对话中是否能够获得脱离这个说法的思想学说的一个概貌，对此我暂不作讨论。这一说法在此应该成为一个典型思想运动的例子，甚至我承认，柏拉图在他另一个思想阶段避免采用这个说法。

想内容性和有效性作为真理的内涵和意义来认识，并知道现在却要宣告它们纯粹是一种绝对的**存在**，以至于恰恰不是真理完全的似相的那些个别现象只能表明那惟一真实的存在者在数量上的种种薄弱，只能表明通向非存在的道路的各个阶段。柏拉图确实又把超然于主体和客体的"第三王国"造就成一个纯粹提升起来的、纯粹绝对化的客体王国，确实又能够把他最终很可能感到是事物真正的概念的似相的事物之本质表达为它们的**存在**。原来已经取得的对思想上的世界内容的独立性的认识无法保持住，这种无能为力只有一个后果，即柏拉图只能够用这个神话来表达我们对真理的拥有状况：心灵在一个前存在中，觉察到种种理念位于它们天之上的王国里，地球上的所有认识只是对心灵从前了解的那些绝对的真实状态以某种方式激发起来的、或较清晰的或较模糊的记忆，犹如是对心灵从实体中观察到的真物的记忆。一个深层的秘密肯定在于，有着某种像真理一样的东西，真理似乎是用思想的线条预先勾画出来的，它只是被我们发现，而不是发明。作为真理的真理内容既不基于心灵的自发性，也不依靠事物的客观存在。对此虽然第三王国恰恰不是一个解决方案，却是一个表达方式。但是柏拉图从这个认识阶段重又退回到低级的认识阶段，即在从主体方面对客体作出的简单"注视"中发现了真理。因为心灵的那种以往经历在理念的王国里听起来即便是如此地具有象征性，在其中作为真理重大的前提生存着的却是主体和客体之间一个极为直观的——即使是在理智上和形而上学地直观的——关系的必要性和充分性。他所感觉到的特殊的精神能力，即让第三王国的种种内容在自身内部获得生命力，最终成为一种比较高级的、绝对的真实状态的直观，这种直观与比较低级的、不这般"真实的"真实状态相似至极。

这些在精神的世界史上导致出现了一再重复的、于自身内部充满矛盾的尝试，在真实状态的内部再去寻找一个"原本的"真实状态，此真实状态同时就像柏拉图无比果决地提出理念的论断那样，应体现出此在的全部**价值**。正如现在价值理所当然地有着各种**程度**，这种五花八门的无限区分把事物置入光明和阴暗之间，现在真实状态也应该有程度之分，已有的单独现象应该包含着那种真正的、完全的现实一个较大的或较小的范围，这个现实在柏拉图那里由存在者和非存在者混合而成，只要在其中出现的是存在者的话，便是珍贵的，倘若出现的是非存在者，便是卑鄙和低劣的。在此之中可能体现了精神的一种典型的悲剧：必须热爱存在者，因为它本身就是理念的真实状态；必须憎恨存在者，因为它正是真实状态而且本身就不是理念。但是它在此之中体现为一种不清晰的形式，即理念和真实状态的对立被一个绝对的和纯粹的真实状态同一个非现实的、程度上更低的真实状态的对立——存在的两种质的对立——取代；反之，理念的确作为事物纯思想的、脱离真实状态的内容而以对自身具有有效性的方式存在着。并且要么是承载内容的事物，要么不是，两者之间的抉择全无妥协和程度过渡可言。

为了能够还其本来面目和领会这个基本设想的原状，人们必须明确地看到这个发展。假如人们愿意采用倒退这个说法的话——柏拉图以此把刚刚才完成的事物的纯内容的抽象化重新拖回存在并随之拖回到客体和主体的对立中去。主体和客体本来同属一个整体，而且尽管如此，仍然保持着相互之间深刻的陌异状态，这个深层的问题在这里遇到的两者可以说在它们本身的层次上聚集在一起的尝试并不是毫无希望的，不管是一方吞并另一方，还是两者被由它们构成其属性的存在吞并。显而易见的是，在客观的存在和主观的存在中，或者在存在和思维中生存着种种内容的相同复合体，即两者可以说是一个通过自己本身而生效的、通过它们的逻辑力量聚集在一起的、由概念或者精神意义构成的王国之形式或者实现方式。所以柏拉图认为，事物从"理念"那里同时获得了它们的存在和被认识。

第四章　论理想的要求

本文中已经讨论了概念、逻辑标准、自然规律，这些虽然构成了正确认识的内容，但是正因为如此，它们相对于真正的心理学的表象而拥有一个独立的客观性，这种客观性不能被纳入那些普遍认可的存在方式中去，即生理的和心理的存在方式。因此，尽管表象的真理的这些内容对于表象来说不言而喻拥有无法估量的意义，在这些内容和表象之间却仍有着一种深层的、内在的陌异。表象在形成着，不管它的内容与客观的精神相不相吻合，"第三王国"的种种内容保持着它们自给自足的效用，不管它们是不是在各个心灵中实现。两个领域中的任何一个都可以说对另一个一无所知，并且从各自的生存原则来说都不是面向另一方的。惟独心灵的生活还指望思想内容的另一个层面，这些内容与心灵生活的真实状态和大自然的真实状态关系相当独立，但是相互之间仍然有着一种比较内在的关系，感官上的一种比较深层的联系，生活本身和这些思想构成物就是为此而产生的。这是指那些自身的实现——不管是以生理的还是心理的形式——不能简单地表象为存在着的还是不存在着的，而是作为**应该存在着的**构成物。如果一个正确计算出的几何公式在真实状态的种种形态塑造中没有似相的话，那么两者之间完全是相互隔绝的。但是如果一个道义行为、心灵的一种完美无瑕、一个渴望得到的幸福不被心灵或者世界实现为理念的话，那么仍然有某种东西从这些事物朝着那些事物延伸，即某种必要性，它既不是生理的自然规律性，也不是心理上的强制性，而像一座思想桥梁在它们之间建造起来。这里的问题并不是简单地位于是与否之间，也不能用这样的抉择来解决。而是超然于这样的抉择之外出现了**要求**的基本范畴，不作为一个纯粹主观上的企求或者被求感觉，而是一个与事物本身同时产生的、在心灵和世界的关系中预先形成的当为，它就像存在那样，受一个特殊的，但在很大程度上超主观的逻辑的支配。客观要求的这个范畴使现实和理想观念以十分独特的方式相互倾慕、接近，这个范畴显然把生活置于存在和认识本身都不能为生活提供的一个方面之下；生活以此而超出了心灵和世界的纯粹的事实和它们在认识中的反映；并且是朝着两个方向。我们的意识感觉到针对自己的种种要求，它可以通过意志来实现它们。"意志"究竟是什么意思，这个棘手的问题在这里不需要解决；眼下意志无非是给能量起的名称，我们已有的存在就是通过这种能量去按照要求实现这个要求的对象，或者避免实现它。现在这里指的要求不是由某一个主体或者由我们向自己提出的要求；而是这些要求由感觉伴随而来，即说出这样要求的人，只是以此而成为一个超出个人的、比他自己和我们的存在优越的秩序的承载者。假如一个外部的或者内部的声音对我们说：像热爱你自己一样去热爱你身边的人——这样的要求的分量不是出自这个声音，而是出自它内容的无可非议；应该如此去做的要求与它由某人提出无关。这既不利于这种原则性的要求，又不利于个性化的要求；而且即使在需要履行一个完全是个别和外部的义务的地方，我们亦明显感觉到，无论是有关情况和活动的物质性内容本身，还是瞬间的内部或外部要求，都没有形成它们自己的神经系统；而是这个神经系统位于特有的内在必然性之中，这种必然性的感觉可以说是穿透了行动的内容，并且让行动内容位于它应该被实现的范畴之下——一个作为超然于内容的存在和非存在的某种完全自主和独立的事物的范畴。这样的行为题材完全可能发生在我和你之间、我和万物之间的一个可认识的世界里；但是一个全新的世界正是由这些题材建立起来的，其方式是：它的实现是一个客观的，本身就是正确的，熬过实现和不实现过程而持续下来的对自我的要求。

康德是如此来表达我们通常称之为"道德要求"的

要求之结构的：在纯粹和单一的道德意义上来履行义务意味着，我们做某事仅仅因为它是义务。常常有足够多的与道德要求本身毫不相干的动机在萌发出来，并有足够强的力量让我们去实现那个要求的内容：爱与同情，畏惧人言和有愧，盼望迎祥接富和喜从天降。所有这样的动机都吸收了道德要求的内容，但这只是一种幸运的偶然情况；这些动机从本身出发不拒绝接受任何完全不同的，甚至完全相反的内容。实现在义务上有必要的事物完全要听凭这类动机的摆布，而这类动机与义务本身并不相干，而是只与义务所接受的内容，但是也与义务所拒绝的内容联结在一起。因此康德认为，道德上有必要的事物之任何肯定性在原则上都是不成立的。除此之外，康德还认为，出于一个纯粹的义务动机而实施的行为拥有一种别无他物能够替代的价值。因为他觉得其他的那些内容最终全都源自种种天生的欲望。我们跟随着这些欲望，在最佳的情况下愉快、高兴和成为"美好的心灵"，犹如一束玫瑰花在相同的意义上展示它表现花朵之美的自然力量。但是，我们称作道德价值的那种人的特有价值，只有在超越急于成为行为的某些特定内容的纯粹欲望的地方才升华，即可以说是形式上的意识：实施这个行为是我们的义务——将我们定为是实施这个行为的。道义行动中的义务因素被康德如此鲜明地与道义行动的题材内容以及与纯主观冲动区别开来，它是那种思想的、超个人的必要性的进一步提高，某些要求就是以这样的必要性向我们提出的。就像某些表象的内容不管我们是否设想它们都是真的，某些行为的内容应该同样如此，不管我们是否实施它们。如同自然规律在它们被发现之前就在发挥效力那样，义务在被履行之前也同样如此。即便它没有被履行，却也揭示出，在履行时有一个在履行本身之中没有崭露的思想秩序在发话，而且它从这个思想秩序得到一个向我们的现实提出的要求中含有的、从它的内容无法觉察到的声音。

这个既不源自客观的现实又不源自我们的主体的思想要求，如今正是以此方式放弃了一个很可能只有通过公理解决的问题，即作为此在向我们提出的要求而出现的这个秩序是一个独立的、不能缩减为比较熟悉的东西的、完全土生土长的范畴。我们把不管奉行不奉行都交织在我们行为中的这种应然只作为一个我们内心中的声音来听；另一方面，它有着命令的、客观的、可以说是毫无顾忌的声音，一般只有一个具体的强权威势才会用这种声音发出它的命令。这种应然之所以看上去有这些完全相反的起源，是因为它实际上不是出自其中任何一个起源，而是像主观生活和外部现实或者历史现实那样有一个同样原始和自身合理的起源。只用这两个概念作为最终概念来工作的习惯却使应然经常地滑入这一个或者那一个概念。在我们的意志之内和之上盘旋着的应然之声有时被估计为一种纯主观-心理上的原动力，只具有例如饥饿或者任何一种生理–心理上的欲望也拥有的那种天生的意义。从客观方面来看，应然有时干脆就是维系个人与社会的种种现实关系之一。然而，我们所感到向我们提出的这些要求的一个巨大部分，确凿无疑地有着社会内容，并且起源于社会为自我维持而向个人施加的实际强迫——这就清楚地解释了，为什么这事和那事应该如此去做，却偏偏不是应然本身特有的、内在客观的形式。种种社会机构不是仅仅强迫我们或者为了让我们习惯，而是我们**承认**这样产生的种种要求，不过有时也不承认它们——这并不是强迫和习惯本身。而是在它们之上有一个更高主管机构或多或少的清醒意识。这个主管机构的位置我们当然可以说无法确定，但是它确定或者排除了一切所要求内容的特点，尤其是纯社会性的要求内容：我们应该这样去做。最后，要求我们的现实去临摹的思想纹路的复合体浓缩成了一种相信上帝在立法的想法。如果一个要么已经实施的，要么已经放弃的行为的种种内容以一种命令式的声音出现在我们的意识中的话，那么可想而知的结论就是：肯定有人在向我们发出这些命令——正像从世界存在着这个事实中同样不难得出的结论是：有人创造出了它。把握住应然的世界所具有的这种纯粹思想上的、可以说是自由盘旋的、不包含任何"存在"方式的特点，对于我们的思维习惯来说显然是极其困难的；我们一再把它与一个心理上或者社会性或者一个先验的主体联系起来，一再油然而生的想法是，如果它不是扎根在主观心灵之中，那么就必然扎根在超主观的存在之中。事实上，它并不像我们所看到的认识的思想世界的相同状况那样，例如像自然规律的状况那样，在某个地方"扎根"。这个世界在应然的心灵格局下出现在我们的内心之中，恰恰是这个心灵格局卓越地道明了它的位置：它超然于主观存在，因为它作为一个要求向主观存在提出，但是也超然于客观存在，因为这个要求本身还完全没有被它的实现或不实现涉及到。这个世界的种种内容可能还会如此地变化多端和摇摆不定，它们会因人而异，甚至因时而异——不管我们何时在自己的内心中发现它们，它们总是以看不见的纹路刻在我们的实践现实之前和之中，虽然并不像认识的"第三王国"那样，决定了我们的实践现实的实际形态，但决定了它的价值。

当我们通常称之为道德要求的这种要求普遍得到公认时，方向相反的要求却不具有这样被直接感觉到的客观意义。道德如果包含着世界（在包括种种理想构成物的最广义上）向我们所要求的东西，那么心灵也确实在向世界要求着某些事物。心灵要求世界给予它幸福或者公正，要求它美好，要求它展示一个自身意义和价值的轨迹。而我们在此情况下很好地将纯粹主观的意志与那种——至少对我们的感觉来说——包含着一种在发话的、适合事物本身的必要性的意志区分开来。就如我们从一个思想的秩序出发应该做某些事情，对此在负有作出某个举动的义务那样，此在同样从这个秩序出发，也应该采取某种方式来如此对待我们，尽管这种应然在此处不像在我们身上那样，发现了一个它在心理上能够促使其实现的意志；但是正如理想的应然对于我们始终是有效的，即便那种去实现的意志没有出现。对于事物提出采取某种对待方式的要求，不管是它对我们产生的影响，还是它留给我们的印象，总是存在着，不管被不被真实状态的过程实现都如此。但是这种情况绝非仅仅适用于人们通常按其**内容**称作"理想的"要求。一个完全个人的幸福热望或者向往一个物质财物秩序的意志常常充分伴有或者可以说充满了这种感觉，即这样才实现了世界上事物的意义和更深邃的逻辑。人们可以谈论世界秩序的一种道德，当然我们一般只有兴趣按它们与我们或近或远的关系来描绘它们，不过，这些关系与对我们行为提出的要求意义上的道德绝无相同之处，而是完全朝着另外的走向。因为这种客观上理应如此的、由世界向我们提出的秩序，并不具有像通常意义上的道德秩序那样的实践意义，所以也没有获得像它那样的原则性形象。但是人类真正的世界感觉、宗教上的世界意义、对于生命价值以及对于被判归世界和被判不归世界所有的人类存在意义的哲学思考，都被向人类提出的这类理想要求、被高于和独立于人类现实的应然承载着和贯穿着。在我们分摊到的一切美好事物中，有一种我们只能称之为"恩赐"的东西：我们所享受的世界的美好，所得到的爱，即使我们以同样的和更大的程度来回报它的话，它也已经在某种形式上是"受之有愧的"，甚至在我们得到的简单的公正中，也含有某种值得感谢的东西。尚不去讨论哈姆雷特反人类的动机："对每人都论功行赏的话，看谁能保证不挨打？"但是我们绝对不需要把此在所赋予我们的所有价值中的恩赐成分，作为命运的偶然宠幸和像王侯的心血来潮那样来接受。虽然人们按其概念不能够"理应得到"恩赐，但是可以配得上它，或者即便不作此论，我们得到恩赐也可以在一个更高意义上是"名正言顺的"。

我们称之为要求、愿望、高于现实的理想，虽然常常只是细微地并带有许多界限不明的过渡而有别于纯主观的欲望和需要；某些要求的一个客观意义和天理所含有的特殊之处在于：事物应该怎样存在和进行，即便它们常常不这么去做，但是这在原则上不容忽视。对于这些内容和秩序我们只能直截了当地说：它们**应该**存在着，但是它们在这里显然很难保持自己始终处于这样纯粹的理想状态，它们也会滑到存在的状态那边去。我们清楚地看到，现实中会出现违反它们要求的举动的不一致性，但是人们仍然不能把这样的现实作为完全和真正意义上的"真实的情况"，即上述状况的情形。而是它被认为只是一个推延的、主观的、残缺不全的**图像**，它与那理想的秩序的对立处在我们感知的方式或者不完善性中。假如我们能够忽视事物在它们最终的、脱离假象的存在之中的，在它们所有的相互关联和平衡之中的真正的情况——而我们现在这些人只能看到一张油画上的影子，却不能综观全貌，它虽然也赋予影子以必要的意义，那么我们就会把这个存在和应然的思想秩序视为同一物。尽管这种坚信作为一种包含着全部真实状态的图像和向真实状态提出种种要求的、有系统的信念很少被提出来，然而它却作为初步的想法、具体的细节、多少有些朦胧的单纯愿望，极为经常地在人的世界观中产生影响。在人类最普遍的自我维持方式中似乎包含着这样一种幼稚的前提：世界已经真的就像我们所要求它应该存在的样子那样，只是我们看法上的肤浅、偏颇、狭隘扭曲了它的图像。因此促使这幅图像和理想的秩序之间出现不和，这种不和的成功之处在于，我们感到后者是要求和应然。

宗教的感觉按照另一个维度把应然投射到存在之中，所依据的是世界的末日和即将来临的天国的理念。但是，这个遥远得无法估量的但或许也就在眼前的时刻，看来是一个最适宜的时刻，为了把事物那种应该具有的秩序的实现置入它之中，这种秩序在超然于存在和非存在的地方我们都可以感觉到。将来有朝一日赐我们进入天堂、绝对主持公道、实现一切理想的要求的上帝，从现在提到的方面来看就像一个人类-道义举动的立法者。两种情况都关系到，为思想要求的那个内在逻辑——不管它是由世界向我们发出还是由我们向世界发出——在一个稳定的现实中创造一个支撑点；这些理想的要求在典型的人类精神中不能自我支撑。它面对经验性的存在所表现出的无动于衷似乎使这两种情况都失去了有效性和稳定性，所以人们就寻找一种东西，在它的存在之中，即使是在完全另外一种意义上高于经验性存在的存在，有效性和稳定性能够长驻久安。这种东西是立法者还是执行者在这里都无关紧要，两种作用合为一体仿佛是从上和从下统一地把种种理想要求的世界攥握在一只手里，并以此来确保将提高的稳定性置入存在之中。人似乎不把存在提升为一种无法承受存在似的应然，而又仿佛不把应然引回到存在无法承受的应然。

当我进一步探讨世界要求心灵去实现的最初要求的时候，出现了哲学的认识方式在这里究竟能力如何的问题。纯粹从理论上来看，哲学应该只阐述人类真正有意识的、内在地——即使不是外在地——起作用的种种道义冲动，从它们的统一性（或者从它们的种种矛盾），它们的根据，它们心灵的、社会的、形而上学的意义与这种纯理论的观点相反的实际观点是想使哲学家成为人类的"立法者"，成为那种思想标准的发现者，此标准的有效性由于直到它们被宣布的那一刻都既未在人的意识又未在人的真正实践中存在过而保持不变。现有的道德哲学大多数都在一个两种立足点多少有些不太清楚的混合状态中活动着。总的看来，占据主导地位的想法似乎是，道义的要求作为在人的意识中贯穿始终的事实也是客观上正确的要求，并与理想的要求那种独立于它们觉醒的事实的逻辑相符。康德从这个关联出发直言不讳地道明了道德哲学家的任务只是找到道德观的一个"公式"。"谁想引进一个全部道义的新原理并几乎想首先发明全部的道义？同样似乎是在他之前，义务的世界无人知晓或陷入普遍的谬误。"这里，在18世纪的形而上学和人生观中深深扎根的前提在起作用：单个的人可能会陷入谬误，而整个人类不会。尤其以此为依据的是种种道德哲学任务的那种混合：谁成功地将真正发明出来的对人的要求变成一个原则的话，他就有权将这一原则作为道德的命令来**规定**，作为道德的立法者来要求在以后的任何情况下都要执行它。在每种还冷静观察的、逻辑思考的道德哲学里本来都能够感觉到某种宗教改革的、实际-确立道义的努力。理论和实践、科学和布道于此地融会一处的联合权利显然产生于那个想法：在人类的意识中作为事实而确立的应然，它被纯粹的认识所接纳，同时也是客观上、思想上向人类提出的要求；为了那个足够深的综合性的洞察力，人们用这种方式只给人类规定了给自己作出的规定。

但是伦理的哲学研究的这一基础结构现在遇到一个极其重要的疑虑：人类在其时间和空间上的扩展普及中承认道义要求的事物有着无法估量的多样性——一种其内容看上去是绝对不能调和的、通过一个内容与另一个无数次地对立并作为它的直接否定而发展形成的多样性，以至于这一切依然有一个总称，以一个共同的、处处皆有效的基本要求为基础的前提完全成为虚幻。火地岛人的道德和希腊文化的、孔子的和宗教改革的道德有哪些共同内容，可能难以发现；就像由一个更高的主管机构对此所证实的那样，我们看到，每条都要求体现全体共有的一个相同之处的道德哲学的原则陷入严重的不一致性之中：追求最大程度的情趣和由理智来统领感性，按照适合普遍法则的准则来采取个人行为，并按足以使艺术品在我们面前变得珍贵的和谐法则来限定意志行为，实现上帝的愿望并将我融入你或社会的利益中。这些原则中的每一条都已被称为是那种最终和最高的原则，所有被称为道义的行为都以或远或近的间接途径、以清楚一些或模糊一些的意识汇聚在这一最终和最高的原则之中，它也是那些行为的道德价值之统一标准。不过，与存在世界的统一性的情况一样，道义世界的统一化仍然完全是哲学的需要和任务。假如人在每个具体情况下都真正知道，他们的意志应该满足何种要求；假如这在客观上似乎使种种权利解体为成百上千的陌异、偶然、敌对，那么追求一个伦理的**世界观**的哲学精神作出的反应，只能是努力将各种要求的总和理解为**一个**要求。因为在一个地方有效的要求与在另一个地方有效的要求不是同一个，这只有从最高的法则出发才能得到理解，这个最高法则位于二者之上，这就使此二者的对立只起因于它们所处的不同位置，而那个统一的最高法则正是让它们从各自的不同位置发展形成。

思维给自己提出这个任务的形式完全取决于人的意志的结构，即取决于，这种意志在目的和手段的和谐中进行。如果人的意志和行为受责任心和道义的意识支配朝着截然不同的方向努力的话，哲学所渴望的统一性看起来就只能这样来达到：所有那些多样性都只是不同的**手段**，它们最后都只实现一个共同的终极目标——绝对的道义要求。设立我们的世界的方式是，十分不同的手段能够为相同的目标服务，因为事实上很不相同的原因能够引起相同的效果。这样去理解的话，道德哲学的任务原则上是可以完成的。人类的种种道义要求看上去是一个庞大的圆，各个具体的现实任务位于它的圆周之内，可能彼此相距无限遥远；只是每个要求都向整体共同的中心点延伸出一个活动半径，整体的统一性聚集了所有一切并使其成为**一个**意义。不可否认，在赋予每个为之奋斗的行为以道德价值的终极目标的这种追求中，体现出了精神的一种最深切的渴望，这一渴望在另外一种为了人的纯粹实际的意志冲动寻求一个共同目的地的另一种需要中延续下去，此冲动也并不作为理想的要求出现，而是同样包括道义上应该做的、无关紧要的、受禁止的诸多意志冲动。现在，首先以这后一种需要作为着眼点，我们就会将我们的世界观，至少可以说是按照其形式，视为一种无限令人更满意的和更超脱的世界观，倘若我们能够相信，人的行为的杂乱无章状态都在朝着惟一的一个目的努力。当然，这样的统一性为大多数形态提供了发展的可能性，将它们分辨开来即便对于在我们看来成问题的道义要求的统一性来说——这些道义要求几乎引发了从意志的种种纯粹事实中进行挑选的做法——也具有深刻意义。

人类的行为是否汇聚成一个现实的目标，我们是否都是**一个**建筑物上的施工者，或者是否人的意志的统一性意味着每个人本身都与他人别无二致地受同一个最终主旨的限定，也即是否种种个人的冲动有一个真正的共同作用，还是有一个纯粹的平行性，它只在通观总览的目光面前作为统一性出现。前一种信念可能只以有神论-宗教的形态出现。只有在一幅上帝的世界蓝图成为前提的地方，在此之中埃及的金字塔和西班牙的争夺继承王位之战都同样占有一席之地，人类历史中无任何联系的、完全异质的种种因素才能够体现，为达到**一个**终极目的而有机地合为一个整体的诸多手段。它们不能从本身以及它们直接带有的冲动来获得这种意义，而是只能够从一个统领的强权威势来获得，只要整体上的世界蓝图在某处需要这种因素的话，这个强权威势就会在此地使这种因素产生出来。这里使用的是宗教的准则："谁不用他自己的知识和意志为上帝的意向服务的话，谁在为它们服务时就没有他自己的知识和意志。"这在不大的，但却因此而丢掉了形而上学的、只归属全部意义的程度上重复出现在某些宿命论的历史哲学里，例如马克思哲学里。如果历史上的某个时代曾让这个时代的种种格局得以形成发展的众多潜在力量渐渐释放，将使社会主义的基本原理出现的话，那么这完全与个体有意识地确定目的无关，而且也绝对不需要一个所谓"无意识地"以此为目的的活动。而是人类种种情况和行动纯粹的实际内容在致力于那个终极目的，这些具体的情况和行动所作所为的一切，都使社会的此在朝这个终极目的前进了一步，每个人都以他追求自己直接的和纯粹个人的种种目的的方式，均与任何他人在那种超个人的未来形态的统一性中会聚一处。只是这些使人类各种意志相互之间的矛盾和对立在一个客观的、完全远离个人**目的共同点**汇合起来的方式，在频繁程度和重要性上都被在它们最终的个性目的的**一致性**中寻求意志行为之统一性的努力远远超过了。为了克服这些有意识的目标设定的一切不一致性，人们在这里当然肯定要提出一个辅助概念"无意识的目标"。谁愿让人类的一切意志最终为了"个人的自我维持"而出现，谁就仍然不会宣布，这一终极目标以一种抽象的或者完全有意识的方式出现在个人的头脑中。只是人们可能最终必须放弃通过这种无意识的东西而随意作出的解释，这样的解释在哲学的思维中就像在普遍的思维中那样广为传播。假设我们的意志行为真的是如此在进行，以至于它们在促进我们的自我维持，或者，假设没有任何理智的缺陷分散它们的注意力，促进我们的自我维持，那么人们仍**不能**得出这样的结论：因为这个欲望不是在有意识地起作用，所以它必须无意识地起作用——而只是：那些行为以这样的方式进行着，**似乎**它们是从一个自我维持的欲望出发；它们**事实上**是从何处发出的，我们绝对一无所知；因为我们只了解以意识为形式的精神，所以全然不知，其意识通常产生出某种心灵硕果的主旨和思想是否也是这种现象出现的原因，即使在意识中找不到它们的任何踪迹的情况下。"无意识的动机形成"只是改头换面为一个积极原因的欺人之谈，已出现的心灵现象的确有一个原因，我们在这种情况下完全不了解这个原因；我们能够说的只是，假如它是**有意识的**，那么就会在经验上有这样或那样的内容。但是如果它**不**是有意识的，我们就缺乏确定这种动机形成的方式和意义的依据；无意识的表象只被允许作为艺术的辅助概念，以满足对心灵生活中一种理性的-内在关联的需要，而心灵生活中有意识的、也就是已完全实际存在的内容却不提供这种关联。

只有保留这个条件，才谈得上无限多样的、有意识的意志目的的一个共同的动机形成。这只能意味着，哲学的思考可以说可能会将那些意志行动在以后归丁一个更高层次的概念。但即便哲学思考真能做到这点——这十分令人怀疑，在我们本质的结构中存在着的有关**原因**，即它能够做到这点，无论如何也只能进行推测性的估计。我首先说明一下以上已经提到的想法：人类所有行为的最终结果都是为了行为者的自我维持。人们首先会倾向于将此作为一个空洞的文字游戏来看待。因为人无数次地进行着自我摧毁，而且不仅仅是由于失算和盲目，而且也完全是有意识的：不管是因为人想要了结自己，还是为了他人和理念而献身，所以人们肯定会对这一切都为其维持服务的"自我"这个概念作出广泛的理解，以至于它什么都不再说明得了。任何积极的或消极的、自私的或无私的欲望都在以自我维持的名义发挥作用，这样的自我维持显然只是一个名义而已，由所有这些矛盾对立同样来"维持"的"自我"无法再是任何合格的东西，而是一个"X"的代名词，它表明：任何意志行为都通往某一个终极点，所有这些不同的终极点现在都应该作为同一个终极点发挥作用。尽管自我维持理论直接地并在逻辑上是如此空洞，但它仍然能表达出一个深思熟虑的哲学基本态度。如果人们强调"自我"比强调维持少的话，那么这个基本态度的前提就是，这种维持不断地受到威胁。此在的结构或许会造成一种情况发生，如果它不用一种积极的举动来对此加以抵御并主动保持自己的存在，任何一个生灵在任何时候都会被它外部的东西，或许也会被它内部的东西毁灭、吞噬、剥夺自我。因为这种必然性从来都不会有片刻的减弱，所以自我维持无论如何是一个生灵能够实现的最外部的东西，它所做的一切只是手段，或者更确切地说，是它的自我维持的行为。这当然不仅仅指维持肉体上的生命，而且指使这个生灵成为这一特定个体的总体力量和价值。谁自我摧毁或者自我放弃，谁就能够在这些行为中保住他可以说比较多的自我，仿佛他在肉体上就可以继续存在下去；在这种情况下，他就会像他与威胁他的那些强权威势曾已形成的关系那样，被更彻底地摧毁，更难得到他的自我的维持。维持自身不仅仅意味着基本的生存，还要维持这个特定的自我；这当然也可能包括每一种发展追求在内，因为我们绝不是在每个时刻都已经是我们自己，例如，一个弱者的基本愿望和最终愿望，或许都是朝着维持这种**弱势**本身的方向努力，他会因为力量和生命的增长而感到被剥夺了自我。形式上的自我维持欲望汇聚了我们各种具体冲动的目的，它以此方式转化为我们各种具体的冲动，关于这种形式上的自我维持欲望的整个心理学假设，建立在一个形而上学的表象上：世界过程是一个一切事物都在永无休止地相互斗争的过程。这不是一个可以说在自身内部完成的并只是不得不对外防御的生命；而是，这个生命直接是它的最深点与它外部的诸强权威势的一种相互作用，人们只能称这些强权威势为斗争，因为在主体的行动不奏效的时候，它会被这些在它外部的强权威势摧毁。这个想法在我们意志行为的多样性里找到了趋异的物质，它的统一性在趋异的物质这里必须经受考验。对于在斗争中经受考验的深刻必要性的感觉在此思想中获得了表达；这种考验与我们的生命息息相关。不是作为它的附属品、偶然状况、事后的防御，而是从它根源的最内在之处出发，更确切地说是：**作为**它的根源寓于其中。

按这个意义来理解，我们所有意志通过自我维持欲望而达到的统一，在我看来无论如何都比通过人的所谓幸福欲望达到的统一更深邃得多。有趣的是，人最终追求的只是快乐这种说法，同样也可能来源于一种十分肤浅的犬儒主义，就像快乐曾被用作一种具有诸多卓越社会性特征的，甚至社会主义特征的高尚道德之基础那样。也许恰恰是幸福论心理学的这两种载体的汇聚导致幸福论心理学忽视了心灵事实的**个性本质**。因为正如社会主义信条的这种做法一样，至少在这里所谈及的形式上，犬儒主义的核心思想倾向也同样是一种平均主义的思想倾向：犬儒主义否认事物原本的区别，因为在它看来，它们都同样没有价值和缺乏意义；承认区别不可避免地意味着承认**价值**区别，而犬儒主义又怎么会这么做，因为它确实不承认任何价值？但是不对种种心灵事实的个性持极端冷漠的态度，就不可能将这些心灵事实缩减为本身没有区别的幸福或兴致欲望。而这样的冷漠态度又**与缩减毫无内容可言**。因为，如果艰难地献身于科学或者其他客观目的和无忧无虑地享受生活，如果为了政治的或者宗教的信念而殉难和用尽卑鄙的狠毒心肠与阴谋诡计，如果说最无限的牺牲精神和最无限的自私自利，这些行为确实全都追求一个惟一的、最终的快乐目的的话，那么快乐就是如此抽象的东西，它为了与所有这些对立面形成一个相同的关系，就必须上升到高于具体事物的地位，以至于再说不出它有任何特有的内容；全部幸福论的结果是，把它从经验中认识到的行为的真正目的称作幸福。当自我维持动机的理论遇到相同的逻辑上的反驳时，把世界过程解释为其所有组成部分都在相互争斗的见解，的确还又给它奠定了一个形而上学的深刻基础。在我看来，这个深度是幸福动机理论不具备的，当然这个理论为了建立自己的基础，也就提出一个生物学的假设来取而代之。如果为了生存所必需的种种活动——大致是这样论证的——是与痛苦而不是与快乐联系在一起，那么人们就会尽可能地避免它；所以，感到维持生存从根本上是遭受痛苦的一个生灵，也就可能维持不住自己。这就促使其必须朝着一个方向去适应**已经发现的**功能——这些恰恰是有望带来快乐的，既维持生存，同时又促进生存。因为进化论的目的性是致力于让后者越来越占统治地位和日益稳固，所以对此它除了使用人的种种有益行为，再无别的办法可用。理想的情况即是：他们的一切行为——用期待这些行为带来的幸福作为刺激手段。简言之，如果生存越来越有目的性，那么原因很可能在于正在追求有目的性和避免无目的性；但人一般追求和避免的只是引起快乐和痛苦的东西，以至于行动完全的目的性就意味着完全的快乐的实现。似乎意志生活的绝对范围由此还未从幸福论上被确定下来(因为它还没有绝对有目的地被确定下来)，这在原则上就不会促使如此宣称的我们愿望的统一化升华。

倘若我们仅仅能够证实我们的意志把它的每一个内容与一个幸福目标结合起来作为自己的总**发展方向**，对于我们意志的统一化来说，就已有足够多的收获了。然而，这种思路事实上是站不住脚的，因为它在心理学上的中间环节：一个行为的快乐的实现是这个行为最强烈的和真正最终的动机——是十足的谬误。完全搞清楚这一点对于本章的整个内容来说极为重要。首先必须承认的是，这里述及的幸福论必须把快乐和幸福不仅理解为低级或感性的知觉，甚至连通过某些历史的曲折和改造而获得的精神的、高尚的、文明的享受能够追溯到那些知觉这一点，它都不需要作为前提。才智的、道德的、审美的领域会从自身之中产生出完全独立的享受之源，这些享受源流从任何更深的流域中都产生不出来，即使依凭这样的推测，幸福概念也绝对不足以包括人的所有真正的动机。如果人们不愿去除它所有特定的内容，就像我此前所提到的那样，并使它完全成为所有动机的一个单纯的名称的话。人类还没有可怜到如此的地步，以至于完全只受一个独一无二的最终动机的引导；让整个心理学的驱动机制都面向快乐，是一种同样片面狭隘的目的论，与那种让世界的驱动机制为了人的福利而运行的目的论一样。因为这一切行为统一起来的快乐概念意味着**利己的**快乐，所以它含有一种双重的目光短浅。如果人们把人只称作十足的利己生灵，其各种行为的最终目的在于返回行为者本身的作用之中，那么这是一种对事实的歪曲。事实上，我们种种行为的动机无数次地停留在一些完全和最终位于我们自身之外的地点：我们想要此者和彼者受到这样或那样的影响，进入这样或那样的状态；我们想要引起或者阻止某些事件发生，想要实现或者消除价值。而假设性地将超出这些终极点的愿望的诸多序列延长，直至它们重又进入主体的某一种状态，这实为一个无法用任何理由来辩护的任意做法。这可能是由所有心灵的东西不可否认的多义性所引起的对原则的最恶劣的滥用，在最佳的情况下，通过结论表面上的深刻意义发出的一种诱惑：因为主体是行为的出发点，所以也就必然是行为的终极点。但如果这种谬误也会是正确的话，还绝对不能证明统治一切的利己欲望是**幸福**欲望。确切地说自我还包含着幸福以外的许多状况和价值，它们能够起并正在起着行为的最终目的的作用。认识世界的收益和我们分得的领域的创造性，寓于具体行为中以及寓于不能从自身走出来的心灵存在中的伦理完美性，包括兴旺、危险、拯救在内的宗教命运，对统一的个性及其接受的和给予的、较高和较低能量之均衡的感觉，所有这些"利己的"价值，假如人们愿意这样说的话，都绝不是"幸福"这个总称所能承载的；我们无数次地想用一个完全客观的意志来说明这一切，因为这样塑造起来的和体验的自我，被感觉为一个最终起决定作用的价值，无论随它而来的快乐还是痛苦的哪些次要反映；我们无数次地想要得到这些，在清醒的意识的支配下，为它付出痛苦的代价，而并没有换来任何的喜悦。心理学所特有的粗鲁，恰恰一直在伦理问题的领域里占统治地位，至今很少有例外，人们不言而喻地把利己的意志和幸福的意志等同起来。

在作出将全部意志行为都归结为一个统一的最终目标的尝试的地方，不管成功与否，实际存在的这个图像通常延伸进入应然的图像。我们面对现象的无数事实和具体细节认识到与理想的要求的不一致性，但是难以决定，**不**让事物最深的、最终的、可以说最真的存在也与它们的价值和它们应该是的东西汇聚在一起。我举几个这类的例子。一种宗教的极端主义使上帝成为一切存在和事件绝对和惟一起决定作用的原因；即上帝的意志决定了人的意志和人的事情应该如何进行，而人的这种意志如今仍再次要求它顺从和遵循上帝的意志。这确实意味着，我们的意志在其最终的根基之处，即在其原本的存在中，已经是理想的要求所要求它的东西了。理性道德的成规也同样如此，它把人原本真实的、实体的本质置入他的理性，现在又将他的种种道义必要性总结为，理性真的是在引导他的生活，原本的确不是他的东西从其中消失殆尽：感性的组成部分。完全与此相应的是一元论哲学所提出的一切生灵的本质统一性，即个体的特殊化和对立性的骗人假象；现在这种哲学首先**要求**个体去除它们自己的特殊存在，即自己的特殊意志——它按其形而上学的、最终阶段的真实状态并不拥有这种特殊意志；个体对自己和它者不加以区分，而是从一切事物根源的本质统一性出发生存着——这是他按照那个前提反正要做的事，因为除了这种统一性以外完全没有其他东西存在着。即使在一些原则性不很强的阶段十分频繁使用的和逻辑上总是出现错误的方法中：理想所要求的东西已经被确定为存在的，最深、最真的现实——根据不同的观察方向，可谓存在着一个勇气因素和一个胆怯因素。勇气属于的范畴是，宣布此在之现实及其现象的所有恐怖、杂乱、难以忍受的东西，是一个在其最终根基之处十分完美的东西，即与理想的要求一致的东西；假如这不是一番纯粹的空话而已（当然它常常很有可能是空话），那么就证明了一种特殊力量，即把真实状态最深的本质的感觉保持在其与应然和完美汇聚一处的高度的特殊力量。但是从另一方面来看，却有一个弱点，即不能保持理想处于其纯要求性质的坚固的独立状态，而是为它在现实中寻找一个立足点和犹如实体的支撑点，这是对未来缺乏信心，仿佛我们应该做的事情，的确不能在对我们所是的东西的无动于衷态度中独立支撑自己，并且需要有对于这种存在至少在其最终的根源之处与它合为一体的把握性。

人的真实意志似乎在某些内容中寻找它那个能实现统一的最终目标。无论动机何在，这些内容常常成为道德的原则。于是，从幸福动机中就产生出了那个道德原则，它被所谓的功利主义用来宣扬一切被称之为在伦理上得到承认的实践：这样去作出行为，致使你行为的成功结果尽可能地提高全部感觉到的幸福的总和；或者也可以这样：每个在伦理上被感觉到的行为的最终目标是尽可能为最大多数的人谋求最大程度的幸福而作出贡献。我想以道德哲学的种种考虑为例，来探讨这个原则的一些分支。这个原则中一眼看上去似乎是与理想的要求相矛盾的东西是：幸福的**声望**在这里被忽视了，原因是伦理的兴趣在于，不是任何一个人，尤其不是恶人，而是好人和建立功勋的人才能享受幸福。如果对幸福量本身的要求作进一步观察的话，这种情况绝对不是人所不知的。因为它会这样为自己辩解：使他人不幸福的人是恶的；如果他得到的回报是幸福的话，那么他就会因此而变本加厉地去采取这样的行动。也就是说，谋求最大程度的幸福的最终目的就会受到一种让恶人，而不是让好人分享幸福的最终效应的阻碍。自己承受痛苦和造成痛苦直至毁灭，牺牲、放弃、冷酷无情的严格，这些都能够被视为在道义上有价值，统统被列入这个伦理的幸福论中。内部和外部的种种事物的链接和分支是如此地环节众生、如此频繁地循环反复、如此地曲折多变，以至于最终放弃十足幸福论的种种行动，仍不失为最后进入一个可能是最大程度的幸福境况的明智之举。我们的世界一般十分理所当然地被接受的奇妙的结构条件是：发生的每一件事虽然只会有某一种后果，但是可能有无数不同的原因。所导致的情况是，截然对立的行为方式同样为那个绝对的幸福目标服务，所以同样能够获得道义的声望：斯巴达人杀戮了体弱的孩童，而现代的父母用双倍的关爱将这样的儿女抚养成人；种种客观目的由于考虑到生存的主体而作出让步，与此相反，实际的兴趣遵循的却是对一切个人后果全然漠不关心的处置方式；实际的兴趣只面向个人以及实际的兴趣只面向社会——这些对立的任何一方都会在可能的情况下成为实现最大程度的幸福的最合适的办法。根据这种可能性，此理论相信能够证明自己是包容一切获得承认的伦理价值和理论的理论，所有这些承认恰恰只意味着感到它们的内容是扩增最大多数人的幸福的途径和手段的直觉。幸福本身在这种情况下可以说不是任何伦理价值，而是或为一个形而上学的价值，或为地地道道的、无法用任何一个区别性的修饰语来限定的价值；为作为人类绝对状态的幸福而脚踏实地地工作，有意识地或者无意识地，直接地或者为实现幸福的手段和手段的手段而工作——这会授予这样的意志以我们称之为道义价值的价值。

但是如果人们也不得不接受已经提到的这个理论的缺陷：能够把所有伦理上十分有价值的意向作为最终目标来接受的幸福概念，就几乎肯定是某种措词含糊的并缺乏任何能够被说明的内容的东西。它提出的阐明几乎所有道义命令的上位概念和统一化的要求，还总会面对两个原则性的困难；它们源自幸福质量的概念和幸福分配的概念，这在理想的要求的王国里是覆盖面很广的两个概念。对于那个伦理的幸福论来说，幸福是一种自身统一的且恒定不变的状态，对于这种状态来说有程度差异，却没有类别差异。这与某些自然科学的理想的东西相仿。例如，在曾经寻找过一种"原始质料"的地方，它只有通过它的各式各样的且变化多端的分布和位置，才产生出世界实体在整体上显出的不同之处；或者当对一个自身统一的和恒定不变的能源总量作出估计的时候，它只在演变和返归中承载着世界的游戏——相同的、普遍的精神倾向统领着这些事实的概念，如幸福的理想概念，它的转化和数量分配是道义的目标确定中无法估量的内容的来源。这种幸福通过哪些手段产生出来，这对于它的伦理目的意义是无关紧要的；这个人在这种状况下找到幸福，那个人在那种状况下找到幸福，第三个人的道义行动可以说在技术上必须照此行事，但是这个行动只以那就其本质来说总是相同的内心幸福感的量作为它的**道义**价值的衡量尺度，即它实现的或者至少打算实现的量。个人幸福感中的一切价值区别也会作为与此有关的道义意向的价值区别反映出来，它们仅仅是衡量尺度上的区别；幸福感的一切其他的、非数量上的区别只涉及它们的形式、现象、组合，却与它们的价值无关。功利主义的这个前提甚至连康德，这个一切幸福论道德最激进的反对者也赞同：幸福就是幸福，被个人作为根据来感受幸福的起因的区别，对于幸福的价值来说是那样的无关紧要，就像对金子的价值来说，无所谓是从山里挖出来的，还是从沙子里淘出来的。我们称之为高尚的种种快乐只是那些不损耗的快乐，那些比卑鄙的快乐更加受我们控制支配的快乐，那些带来进一步的情操修养和享受能力的快乐。简而言之，是那些以它们快乐的收益在总体上更高的**衡量尺度**，而不是以它们快乐的收益一个另外的或者更有价值的方式为特点的快乐。这完全是个错误，并只有用那种不惜一切代价来保住一个信条的狂热激情才能加以解释。实际上，被不同的个人作为根据找到他们幸福的不同起因，在我们的感受中体现为种种价值质量本身的区别，个人十分有把握地以这种方式区分出他各种具体的快乐感觉，以至于我们通常明确地判断出两种幸福感：它们虽然给我们提供了相同的幸福衡量尺度，但是，一种衡量尺度仍然必须优先于另一种。因为感受的质量是更富有价值的质量，而且不直接因为它们道义的、审美的或者其他客观的意义，而是因为它纯粹作为幸福得到了一种新的意义，即使可能是从那些价值刻度那里；它比纯幸福论的质量所处位置更高，而它作为幸福论的数量与其他的东西处于相同的地位或者可能在其之后。这足以让那个抽象的幸福概念丧失统治地位，它以其纯粹的程度差别强行使道义目的绝对统一化，即使幸福状态相互之间的任何一种衡量方式都极为棘手，无法使用任何客观标准，甚至很可能只是象征性的。对于在客观秩序和主体之间来回穿梭的理想要求的基本问题，极为重要的是，幸福本身内部包含着价值标准，这些价值标准与量的问题无关。不只过问幸福衡量尺度的幸福论道德，而且还有原则上**不**过问幸福的那些严格的、理性主义的、苦行主义的道德，通常都对这个确定无疑的道义意识见解不加理会。确定人的价值的不仅是他是否追求幸福，还是追求其他的、或许更高级别的东西；而且还有他**在哪里**找到他所追求的幸福。他是在交际花的怀抱里还是在聆听第九交响乐时度过他的幸福时光——这只是个性的区别，既与幸福的**衡量尺度**无关，也与这些个性的道义意志没有直接的联系。这两者之中的任何一方的**存在**都比另一方的存在更富有价值。即便两者只是"寻找自己的幸福"并因此而被康德解释为同样"无价值"，这种道德主义也会毫无疑问地站到我们实际价值感觉的对立面上。这一个比那一个更加具有价值，是因为可以说世界在包含这一个时比包含那一个更加具有价值。用我们钱财中的金子作比较是不正确的，因为在它之中自然已经找不到它来自何处的任何踪迹，以至于它的来源不再具有任何意义。但是在我们的快乐之中继续存有我们的心灵用这种感觉去应答的东西和事情，它们表现为幸福十分明显的质量区别。这是肉体的世界和心灵的世界之间类比失灵的原则问题之一。前者只有一个现在，这一现在的种种原因在过去已经绝对消失了和丢掉了；这些原因可能时而这样，时而那样，只要它们一旦导致了相同的结果，在这些结果中就再也发现不了那些差别的踪迹了。但是心灵是拥有**历史**的结构体，这意味着，在这个结构体的现在中不易混淆地存有特定的、个性的过去。只有强劲的抽象化才能在心灵中找到一个完全一般的"幸福"，这个幸福对于自己的起因就像金子对自己的发现那样漠不关心。而我们的幸福却是一种始终名副其实的幸福，也就是由其价值中的起因来决定的幸福，以至于我们必不可免地称之为一个更大的幸福量的东西仍然因为它的质量因素而位于另一者之后，而且是纯粹作为幸福——恰如一小块名贵料子可能比一大块廉价的料子更富有价值，而此时两者却都是料子，而并非它物。这就更正了试图把幸福看作绝对的价值的做法，并以此赋予所有在为它的持续实现而奋斗的"道义"意志行动本身一个原则上的统一性，以让那种最终价值在自身内部达到统一，并且只在数量上呈现差别。

以幸福的**分配**问题为出发点的纯幸福论道德的批评对理想的要求，对从里向外的和从外向里的理想的要求都有着不太小的影响。在这个概念中肯定也有着一种与事实不相符的刻板公式，因为人们不能像分配一筐苹果那样来任凭自己的意志"分配""幸福"。人们或许仍然能够从个人的权势以及从社会的机构出发来进行的权利和义务的分配、财产和地位的分配，概括为这个统一的最终表达方式。不过，人们随之马上就会发现，我们的种种要求在这里并没有因为一个可任意分配的增长的所有幸福而得到满足，而是完全在数量问题的对面随着分配问题的产生出现了一个全新和独立的价值。而且首先是作为公正的理想要求，这是事物的秩序向个人，也是个人向事物的秩序提出的要求。认为公正无非就是用于增添人世间幸福之手段的功利主义理论，不需要任何研究探讨。因为即使可言明的目的性构成了公正的各种具体标准的历史根源，那么公正具有内在的意识、实际的意义和用来在我们价值感觉中产生效果的内涵，却完全是确定的、安于现状的，不来源于任何位于它之上的价值；这正是"纵使世界毁灭，也要实现公正"(Fiat justitia, pereat mundus)的贴切表达。公正表明——从与幸福的关系来看——有一个思想上的幸福分配，一种预先规定，指明幸福的量度如何分给这个人或那个人，这与它作为一种应然，即作为一种来自理想世界的要求的真实分配相对立；作为这个要求的物质供个人和社会支配的数量完全是无关紧要的，因为只有这个人和那个人在供支配的部分中应该分得的**比例**才是那种要求的内容。这种比例现在可以用两种方式来确定，它们两者的对立表明了人类种种大的、原则上的派别分裂的一种。造成对立的问题是：公正是否要求按照所有个人都平等的原则或者都不平等的原则，来分配我们称之为幸福或幸福手段的那种东西？可是公正恰恰在这里看上去只能以一种方式来作出裁决：论功行赏；一个理想中公正的世界宪法会精确地以功绩的大小为衡量尺度来分配幸福。但是依然有对公正另作解释的种种感觉方式，即认为人的容颜所拥有的一切平等，是对事物的秩序提出的第一个公理性要求的那些感觉方式。或许它们也会承认，所有个人都绝对平等地分得生命的外部和内部财富是完全实施不了的和荒唐的想法；然而除了所有必要的——内部也是必要的——零星兑现以外，对于这些天生秉性来说平等是全然理想的想法，当然是属于以前讨论过的那类理念，这些理念只在明显地远离真实事物的独特性的情况下保持作用和意义，无法将独特性转入具体事物之中，并在具体事物里对它加以证明，这类理念作为原则上的普遍性的价值并没有被剥夺。平等的、原则上远远超出一切经济事物的共产主义的准则，绝不仅仅关系到爱的驱动力，爱不关心公正，并有意识地致力消除公正几乎造成的不平等的差异，而是要求各种幸福状况的平衡恰恰作为一种更深刻的**公正**出现。被召唤来为这些幸福状况之间的区别阐明原因的所有功绩，相对于人本质性的和人所共有的东西来说，在这里都被感到是微不足道和无关紧要的东西。所有的心灵都有资格得到永恒的幸福，将它们区分开来的东西与心灵之关键性的、形而上学的价值无关——这个宗教的想法只是这种深邃的伦理信念的超验的表达，即对财富和生活幸福的要求是一种"人权"，它与人的性格特点、功劳成绩、意志方向根本不相干。不论这种追求"平等"的意向，这种在原则上割断功绩和酬报之间的纽带的做法，是否也只有在思想上是可行的，它都属于人类伟大的精神原则，并且在种种尝试、意图、雏形中发挥作用，这种作用要比它在实践中不可避免地与相反的思维方式的混合所显示出的作用频繁得多。

公正比较普遍的意义在表面上十分简单和明确，人应该按照他的功绩衡量尺度来享受，按照幸福论观点，有道德的人应该有好报，无道德的人应该有恶报。然而，事实上论功行赏这个概念绝不是明确的。就在我刚才作出解释的和人们通常称其贯彻实施为"道义的世界秩序"的这个纯道德的意义上，此概念就让我们对确定一个已作出的举动应获得的幸福等价物的**衡量尺度**束手无策。在两者之间根本不存在逻辑上的、从其实际内容得出的任何联系，没有一个行动能够纯粹从其伦理价值的量出发对幸福酬报的某一特定量提出理想的要求，同样也难以就罪行本身和抛开种种涉及整个社会的、心理的和目的性的关联而看出这个罪行应得到何种惩罚。极其有道义的人——人们也许只能这么说——应该极其幸福，康德想用这个定义使自己从美德和极度的幸福感之间的关系这个困难中摆脱出来，为此他提出了关于在一种不朽的生命的无限性中实现心灵完美的设想，通过一个先验的强权威势的影响——因为它可以说是不能自动发生的——有个以同等衡量尺度上升的永恒的幸福与心灵的完美相符。但是按照较低的、人世间的种种衡量尺度，功绩和酬报如何能够做到相符，对此我们没有任何直接的衡量标准。对于最终裁决性、栖止于自身内部的公正理想的评价来说，大概没有更强有力的证明了，一切客观逻辑对于它独特的贯彻实施的这种束手无策，这种无能为力，却完全没有动摇它作为我们的标准和向我们提出要求的本质。我们十分清楚地知道，偶然出现的历史状况和它们提供的幸福可能性的衡量尺度，决定了我们对某一个道德举动应该获得什么幸福成果的想法；但是如今我们要求得到这个幸福成果时，仿佛有一种无条件的、发自事情本身的、无须讨论的必要性将两者在思想上联系起来。就我们的对象来看，这个举动令我们感兴趣之处是，公正要求是不能够从其可能会扩大幸福总额的效应中才推导出来的。这个效应可能本身就构成了一个理想的要求；但这个理想的要求与那种其贯彻实施使一系列伦理最终完成的要求**并列**。社会的理想形成在诸多地方揭示出这种情况。社会主义的秩序如今在很多方面被要求作为公正的信条。由于出生的偶然情况、某些阶层的受惠地位、经济发展的机遇、无须劳动的资本积累，使少数人毫不费力地得到幸福的优待，这些优待似乎与所有的伦理秩序如此地背道而驰，以至于只有社会基础的一个根本改变才能够重新恢复公正：在其不均等的分配中包含着所有那些不公正的私有财产成为公有财产，并且每个人都不多不少地获得均等的、不是预先裁定的生产资料。也就是说，他可以获得和享受的东西，也就不多不少地与他劳动的收获相等。但是人们偏偏从主张废除不公正的优待和不公正的歧视这种观点的狂热卫护者那里，听到对幸福是否能够取得全面成功的怀疑。社会主义国家里的人是否恰恰会比在现在的状况下**更加幸福**，是十分令人怀疑的，但是这与这个理想没有任何关系。这可以说仅是马克思本人的现实主义观点在伦理上的反映，马克思认为经济的历史发展完全自行地通过在其本身之中发展形成的种种力量无法摆脱的强制，产生出社会主义的社会形式，就跟它曾经造就奴隶制经济的、封建的、自由主义的形式一模一样。这符合我们的意志，还是违背我们的意志，对此这种历史的必要性几乎不过问，就像它也不关心由它造成的这种状况是让人人都更加幸福还是更加痛苦。同现实的、导致社会主义领先的发展对幸福问题所持的漠不关心的态度一样，不管这种发展最终是否只由人来承担，我所说的理想的发展也同样如此。它只是关注公正，关注理想所要求的工作和成果之间的关系。但是幸福感在整体上是否因此而提高了，或者在一种不公正的分配情况下全部的幸福感是否会更高，或许一种社会主义化了的状况的"平均愉快"是否恰恰不允许带有形形色色差别的特殊幸福感出现，这些都还没有定论，而且这个问题的任何解答都不能影响由公正的理想作为最终裁定者的理想所作出的决定。

最终要考虑的是一个第三动机，它通过一个完全不同方向的，但是相当确定的价值感觉突破一切在伦理上提到过的行为都面向增添幸福这一最终目标的趋势。有关的讨论极为出色地与叔本华提出的把所有存在的事物的形而上学的本质同一性作为道义的基础的观点结合在一起。相互对立的我和你仅仅栖身于现象王国之中，只是我们思辨悟性的起分裂作用的形式创造了被分隔开的个人的图像，自在之物对这种分隔一无所知。按照叔本华的看法，存在的这种绝对的和绝对统一的实体是那种永远也无法满足的意志。之所以永远也不会满足是因为它是绝对的存在，即任何能够令其得到满足的事物都没有超出它的范围之外，其几乎被看作是面向内部的本质出于上述原因只能够是永远的痛苦；这就是形而上学的根基，它作为不能满足的贪婪，作为伴随着每一次表面上的满足而至的深切失望，作为每个个人的生活中无可奈何的痛苦而显示出来。叔本华认为，这样来总结深明道义的人的本质，他不太像一般情况那样使自己与他人产生区别。一个这样的人已经看透了个性形成过程的虚像，他知道即使还没有形成明晰的概念，他人的苦痛归根结底也是他自己的苦痛，他尽一切可能去减轻苦痛，因为人能够为别人做的最终也是为自己在做的一切，是减轻作为我们共同的和无法摆脱的命运的痛苦。全部道义的形而上学的意义在于，一切存在之物的超验统一性，而且也包括我和你的超验统一性，都在现象中得以实现。减轻苦痛显然在这里无非就是以悲观的前提将它带入这种反面形式来增添幸福。如果宇宙事物的统一性以这种方式奠定了伦理-幸福论的终极目的，那么利己主义的行动当然也就因此而被取消了意义；但是仔细审视的话，利他主义的行为也同样如此。假如事实上的快乐和苦痛都这样，用一个粗浅的说法来表达，流经**一个**中心站点，所有的幸福价值视同被扔到一个锅里，那么在现象中带有不同的人的数量特征，作为由此通往那个中心的出发点而获得真正意义，但是也完全抹去了它们的来源痕迹的这个地方，也就完全无所谓叫作我还是你。如果从形而上学地作出决定的裁决者来看，你和我没有什么两样，那么我和你也就没有什么不同，人们不知道，为何缘故一个给行为者带来某种幸福的行为，要比一个给他的同类带来相同幸福的行为所具有的价值低。因此，假如某人只是为了另一个人获得一个数量比较小的幸福而牺牲了自己的一个数量比较大的幸福的话，在叔本华看来，这肯定是没有意义的和卑鄙无耻的。因为这个行为使很有可能获得的幸福的总量下降了，即被形而上学的存在统一性在消除了其作出具体贡献的主体的情况下所容纳的那个总量。但在这里重现了伦理要求任何物质的统一性都会与道义意识的种种事实本身形成的一个矛盾。因为只要道义意识采取利他主义的态度，那它无疑会不停地作出判断：一个行动的道义价值绝不停留在自己的牺牲和他人的得益之间的等值这里，而是更愿继续上升，如果两者的关系能够朝着有利于自我的方面推移的话。然而，叔本华把幸福论的终极目标同形而上学的、没有个性的本质统一性联系在一起，他以此方式将幸福论的道德从所有利己的兴趣中清除出去。但在如今我们不允许取消一个以你的一个较小的幸福为代价来换取我的一个更大痛苦的行为的价值时，这个深刻的思想却不能成功地将所有的，甚至连一个如此显而易见的伦理评价都不能包括进那种道德的解释中去。

于是，也可以说在幸福论的理想形成本身之中出现了不符合最大程度幸福要求的三种价值，它们不能转化为最大程度幸福的手段，但是仍然作为不可否认的道德现实出现了：幸福的种种质量差别，这些差别与幸福的各种起因有关，能够使一个微不足道的量的价值意义高于一个较大量的价值意义；幸福的分配对于幸福的绝对衡量尺度却漠不关心，这种分配的公正只在于幸福的量与量之间和功绩之间的**比例关系**；最后是牺牲自己，这种牺牲绝不把自己的价值同用它来实现的全部幸福联系在一起，而是体现了我为了你的小收益而作出的大奉献，这种献身精神被冠以不小的，而且常常是比它们双方反过来的比例关系更大的道义殊荣。

我对幸福原则作了如此详细的讨论，目的在于列举一个有关道德哲学批评的例子。因为人们无论提出哪个终极目标，它能让所有令人感到符合道义的行为被承认是其实现手段并以此方式表明它的统一性和绝对性，批评都给它带来相同的命运；批评迄今为止面对每一个这样的终极目标，都还懂得发现通向另外一个终端的道德价值。理性对"较低级的"欲望的统治或者应该正确理解的自身利益、个人对社会或者人类的整体的献身精神、上帝意志的遵从或者自己个人秉性的和谐培养、特殊此在与泛神论的宇宙万物统一性的神秘融合或者自由在个人和种族的生活中不断的升华——每一个这样的道德终极目标都曾篡夺过独自统治的宝座，但是它们之中没有一个能够在它者的竞争面前保住它。或许每个这样的主张都有道理，假如它把自己的内容说成是一个我们的道义意志无法超越的终端的话，或者至少在某些情况下不需要超越。错误似乎在于人们不让这一个理想的终极目标特点出现在任何其他的理想那里，理念的王国和人的天性都不会贫穷到如此的地步，以至于人们必须否认最终理想要求的某一个内容，因为要向它提供第二个和第三个内容。

固然不可否认的是，与此认识相左的是统一性的理想要求，这个要求是我们从自己存在的一个极为深邃的有机组织的需要出发向理想王国提出来的。我们无法使人或者人类最终感觉到是价值的必要性的东西瓦解为许许多多相互之间漠不关心的要求；对于这一必要性的诸多内容，我们似乎除了目的论以外再也拿不出另外一个统一形式来，这就是说，我们必须把这些内容中的某一个设想成终极目标。所有其他内容对于它来说最终都只是手段而已，尽管这些手段在心理上本身就完全能够发展成种种终极目标。这种情况给更深层的生活在截然不同的形式和程度上带来了一个越来越大的问题。且不论实际生活的一切分裂状态和溃散情形，也只有它的统一性的**要求**肯定不是一个被普遍接受的要求。而恰恰一个二元论，甚至可能在大多数人看来，是正确的和应该存在的东西。生活中富有价值的东西、真正奉行的道义、真正享受的幸福、存在和行动的真正成功的完满，人们应当保持它们的纯洁的高度和明确的界限，把它们与不完美的东西、罪孽、痛苦、外部和内部的丑恶截然分隔开来。生活真正的收获，即最终作为生活的现实和实体保留下来的东西就凸显出来，如果人们把所有的后者都看作是生活的债务并从中得到减去后者以后所剩下的资产的话。这个普遍持有的观点将生活理解为生活物质的正值和负值的收支平衡表，有一个鲜为人知的，但是或许更深刻的观点与它相左，在生活的最终意义问题上，这个观点根本不想用加号和减号把生活的内容相互对立起来，而是把它们都归入一个惟一的正面系列中：我们所做的和我们所感受的好的和坏的事物，吸引我们的美的事物和我们所躲避的丑的事物，我们生活中完美的和依然支离破碎的情形——所有这一切在客观上仍然是那样的充满矛盾，但是作为生活的组成部分，作为命运的幕幕场景，这一切都属于经历不间断地持续下去的连贯性，只有**一种**生活具有这样的意义，即高于一切的生活持续地编织着种种对立，这些对立愿按照其他标准来显示生活内容。这些对立绝不应该被否定，而是在它们继续存在的同时，包罗万象的生活，或者更准确地说，穿流过它们内部的生活将它们一同带入一个自我的发展的统一性之中。但是为了或清楚或模糊地感觉到我们存在的这个统一性，我们寻找着一个相应的我们应然的统一性，这是投射进理想世界的自我，作为道义立法者的上帝，为之提供表达方式，或者说，提供表达我们对它需要的方式的一个统一性。在生活的统一性没有被感到是此在的地方，它至少作为要求出现在我们面前，作为这样的意识，生活的某种价值高度是由它决定的。然而，生活的价值最终要用理想的内容来实现，这些理想的内容相互之间不应该显出相同的统一性，这是难以让人忍受的情况。仅仅是它们在逻辑上相互不矛盾这一点不足以说明问题；生活形态之美和对上帝意志的顺从，行为的理智和对社会的奉献精神，人类的更高度发展和基督教的博爱——所有这一切都在原则上可能并列存在，任何一者都不会以否定的方式去介入另一者；但是这还满足不了我们对统一性的需要。所有这一切几乎都共同面向我们，这些思想的纹路都在我们心中相交，对此似乎还缺乏十分深刻的证明依据，只要还不能断定在它们本身之间有着任何正面的联贯性的话。因为这些要求唤起的我们体内的能量是实际的能量，即我们以确定目标和采取手段的形式来完成的行为，所以如前所说，目的论的秩序是最接近的，甚至可能是惟一的秩序，在此之中我们的种种命令聚结成一个统一性，也就是说，我们组织它们的方式是，其中一个应以最终的和绝对的目标出现，其余那些成为一种等级结构或者充其量成为一整套手段而隶属于它。

而如今这种情况事实上并没有成功，至少根据我们至今形成的看法，理想要求之各个领域的种种流向没有流入**一个**大海里。这在一类现象中尤其突出，此类现象另一方面从那个领域里的众多无关联性和陌异状态中又建立起一个关系。我指的是人们一般称作"义务的冲突"和让人所体现的统一性与他的使命的多样性之间的比例关系得到公开裁决的事实。如果现在冲突的形成是由于一个行为被一个道义的兴趣所要求，而被另一个道义的兴趣所禁止，就像对家人尽孝使安提戈涅（Antigone）①安葬哥哥成为义务，而又为政治上尽忠的义务所不容；或者说，虽然这些义务在内容上相互毫不冲突，但是它们中的任何一个都在只为一个义务充分成立的一个衡量尺度上要求主体使用各种力量和手段，每一种情况下产生冲突的原因都是统一的个人站在若干个社会的、思想的或者以任何一种方式提出要求的诸多圈了的交点上。这些圈子实现了在单个的圈子里的相交，但是为此付出的代价是撕裂了单个的圈子本身。这种景况深刻的悲剧是，相交虽然——在"纯粹的情况下"——毁灭了单个的圈子，

———————

① 安提戈涅（Antigone）为希腊神话中的人物。——译注

因为它的生命统一性在这种多样性中被化解了，但是冲突至少不能用在舞台上常遇到的这种断送性命的解决办法来进行了结，因为种种客观的要求不可调和地继续存在着：在这个牺牲者栽进它们之间的深渊之后，深渊并没有被填平；这个冲突不是按其内在的意义，而是只有在一个偶然的历史现象中才结束，英雄的死"恢复了道义的世界秩序"是一种肤浅的说法。每天都在较低的程度上经受这种景况的实践当然是以这样的方式在自我救助，实践用包含在每个要求中的义务数量作为标准来检验各种各样的要求，而且如果这个要求比那个要求在更大的程度上是"义务"的话，那么在发生冲突的情况下就优先选择这个要求。鉴于道义生活根据主观的统一性和客观的多样性而形成的那种结构，这种最终用某种道德的自动控制机制来作出的抉择，这种更高的义务和较低的义务之间在数量上的权衡和秩序，是让生活还能以某种伦理方式实现的惟一可能性。但在必须为那种计算方法作出结算的道德直觉公布不出明确的结果来的地方，或者在道德直觉作出的抉择是两个要求中的义务量相等，而满足这两个要求在逻辑上或者在技术上是相互排斥的地方，这种可能性不仅明显失效，而且更重要的是，即使面对大获成功的义务等级排列秩序和面对将更加无足轻重的义务往后排的"良知"，这类更加无足轻重的义务也没完全放弃其要求和作用。它反倒不顾所有确信它是比较卑贱的看法，而引发一种道义债务的后感。足够常见的情况是，单个的义务能够得到一个独立的要求，在这个要求遭到拒绝的情况下，这一单个的义务向良心这个主管机构发出的申诉可以说是自动地出现，甚至在与一个同这个义务相对立的、重要性大得多的并因此而被优先选择的义务相遇时，也不会罢休。义务在客观上奠定了基础的等级排列秩序，这种不奏效本身也许是义务的对立之不可协调性能够得到的最确切的表达；这种不奏效表明，人不只是衡量客观价值的中立的展示场所，更是作为个人，作为一个与任何一个同类联系在一起的，独立于此人和彼人之间的自我。生活的种种错综复杂状况就这样成百次地强迫我们去为了道义而违反道义，而且人们现在不是自由地和容易地继续前进，而是在很长时间里都会持续意识到，我们虽然做了一件有道义的事情，但至少放弃了一件有道义的事情①。

在我们最大的完美里形成的道义状况的这种不完美，根本无法指望内部或者外部的文明化状况会减轻这种冲突的程度。倒是某些理想的价值恰恰受它们的约束。作为典型现象的义务冲突是一种高度的和作出

---

① 这里的道义只在消极意义上与哲学著作里至今对义务的冲突所进行的各种研究有关。除少数例外，诸伦理系统似乎认为自己有义务去达到一个"调解的结果"，以至于它们通常以一种在我看来是肤浅的乐观主义来对那种现象通过道德世界而造成的深深的裂缝采取不加理会的态度。我在我的《道德科学引论》的最后一章中详细地讨论了义务的冲突。

区分的发展的结果，是个人对越来越多样化增长的社会和宗教、才智和职业构成物的兴趣和责任的结果。它是文化的一个直接准绳，用以衡量个人在他社会的和思想的世界中会遇见要求冲突的多少种可能性；并且在主观上，思维和感情对存在的每一个印象和每一个要求也在存在的直接关系中，即在存在的原因和后果里追踪得越深，不给肤浅的、不文明的、只热衷于对事物的初步印象的冲突留有机会的那些内部冲突也就出现得越多。人们或许可以这样说，从来都没有和义务发生过冲突的人，也就肯定没有最深切地感受到种种事物、人、理念的要求。这可以说是伦理冲突的题材，它以文化的此在的拓宽和深化衍生成无边无际的多种多样。而文化的此在发生于其有限性的另一个方面，即形式的或者个人的方面。因为通过上述的情景，个人秉性的统一性或者被撕碎了，它无根基地在全无条理的验证或者对不可能出现一个客观上充分的和主观上和谐的道义的消极主义-感伤的苦痛之中飘忽不定，或者对生活验证的统一性的需求包含着一种巨大无比的力量和一种迫切使命感，这种使命感不给形成比较低级的、自己本身就比较统一的状况留下余地。冲突以这样的方式恰恰成了自我培养的学校。反之，我们把生活努力塑造得越统一，我们努力使它的方方面面建立起越紧密的关系，也就是说，自我意识越狂热地力求统治它的内容，生活就越充满冲突。事物的综合不仅通过自我而出现并使自我生活和意识成为可能，而且事物的敌对也具有相同的功能。于是，随着更高级的生活的发展，作为主要由两个方面产生的典型现象的冲突越来越难以避免：期待着这**一个**自我去满足的内容要求在不断地膨胀着；自我获得和保卫其统一性的要求越来越强烈。内部和外部的发展不断提高着它方的要求，它们也恰恰以同样的程度使它方的满足变得更加困难；假如我们且不讨论使日常的实践成为可能，但是与和解和解决又大不一样的妥协的话，理想要求的争斗就会成为越来越不可避免的形式，生活在最高程度上独立的兴趣力图以此形式降伏一个在最高程度上独立的自我。

义务冲突的这个意义可以说使事实更加显而易见，即使伦理的要求不能统一地综合起来。即使在这里，人类作为整体也在重复着个人的命运形式：正如个人在实践中没有成功地把他的全部义务统一成一种在任何地方都不让矛盾和隔阂出现的和谐，而是只能通过一个义务的缓和妥协或者篡位登基让其他义务作出牺牲，来实现这样的虚假现象。同样，在整个人类的众多伦理命令中，也还没有发现一个命令能使内心思考将其余的命令都作为它的手段而缩减成它的内容；此和谐面对这个整体要获得统一性，只能通过要求的各种内容的矛盾和陌异在某种程度上得到安抚和减轻，或者，通过其中的某一个内容获得一个信条特权，这个信条特权一般情况下往往更会让一个貌似虔诚的和注重实际-(宗教)改革的愿望来承担，而不是依靠理论上的确凿性。但是哲学的统一化需要现在以一个全新的转折去侵袭那些伦理的事实，至今这些事实都似乎在摆脱哲学的统一化需要。道德的行动的目标或内容都未曾成功地缩减到仿佛道德的价值由此向全体目标或内容发射的一个最高级的目标或内容。如果这个价值根本不是附着于行动的一个目标和内容，而是附着于行动的形式的话，那么情况又会怎样呢？如果行为的某一种可以说是功能的**方式**意味着行为的道德，而并没有在一开始就确定在某一个内容上或者从某一个目标那里借用到它的威严？这个问题的转折是康德的伟大功绩。

他自一开始就没有从存在或者行为应该去实现某个有价值的内容那里获得道德要求的本质；而是问道，道德要求本身作为理想世界在其与心灵的关系中的一种原则形式，究竟是什么？在他面前没有像在其他那些道德哲学家面前那样浮现出一个价值，通过我们行为对它的实现而使我们的行为成为一个道德的行为；而是反之，在他看来道德是行为的一个完全土生土长的、独立自主的特性，并且首先从自身出发来确定，它们必须接受哪些内容并以此使它们成为道德的目标。要求不是面向与义务相符的意志的内容，而是面向内容与义务相符的意志。也就是说，在道德的内容里被徒劳地寻找着的道德的统一性，在于确定与义务相符的意志本身的定义。这个定义现在提出它的第一个条件：自由。原来被迫的行为不是一个被要求的行为，因为人们能够强迫的东西不需要去要求；相对被迫的行为，即通过恐惧和希望，也同样不是一个被要求的行为，而是一笔"交易"的一个方面，对于这样一笔交易人们只需要考虑，面对独立于我们意志的等价物我们是否愿意做此交易；行为在这里取决于衡量逻辑的结果，却不取决于我们的意志，然而一个**要求**的确只针对它。不过，自愿满足的东西确实是义务，即法则。法则对它的种种前提都适用，对一切个人的情况都有效。现在我们承认这样的法则的原因，显然并不是我们从某个来源得到了它们和它们得到了普遍的承认。因为这是对那种自由的损害，那种自由在每个短暂的情景中都要决定它在此情此景中愿意把什么承认为在道德上是有必要的。要使这些要求一致起来，除了行为者从本身出发愿意或者至少能够愿意他的行为方式是一个普遍的法则。没有任何一个法则肯定和从一开始就对每个能够想象出的情景有效。但是如果一个意志应该是义务的话，那么可以肯定，它的内容至少有可能是法则。它的内容是否真的是法则，道德的意志感到要顺从或者证明自己合法身份的普遍的法则是否在历史上或者心理上存在着，完全无关紧要。因此，康德从道德标准中去除了任何根据质料来确定的目的，并把所有被认为是道德行为的共同之处移入意志的形式特性之中。我们找不到任何将应然的一切内容都统一于自身之内的目的，这种情况比比皆是。但是无论一个单独的内容再怎样怪僻、革命、与所有其他内容没有任何联系，我必须愿意它是一个普遍的法则；否则我就不会感到它是我的法则，即义务。一个行为会在一些特殊的情况下发生，这些特殊情况的变化多端会使任何一劳永逸地确定下来的目的成为幻想，这个道德公式给考虑这样的特殊情况留下最宽的余地。行为作为整体很成问题，一切具体条件，即情景和行为者的性格特点、他与此相关的生活经历和他所处环境的格局也包括在内。只有法则可能的普遍化，才能要求如此详细说明的行为。因而也可以设想，似乎绝对不可能确定为普遍法则的、从表面上看起来最不道德的行为——例如杀死一个人——在考虑到它所有的特殊情况时，也完全有可能被确定为普遍法则，但它当然只作为这种或许永不再发生的、由这些十分特殊的情况决定的行动。种种行为最终的和最特殊的合格证明能够，甚至必须在对它们进行道德的评论时被考虑进去，只有当实际情况明显出现细小的四分五裂时，那种把包括所有这些情况在内的行为看作普遍有效的行为的要求才会出现。不管人们提出哪种有确定内容的道德戒律，完善自己的个人秉性还是增加总体的幸福，理性所占据的还是上帝发的启示所占据的统治地位，提高同情心还是个人力量，也总是会出现其复杂性令一个这样的命令无法应付的情景，没有一个命令是预先为了任何一个可能出现的个人实际情况而准备的，这样会令人们有被强加于己的感觉，如果人们仍然愿意保持无条件的对它的服从的话；人们会感觉到，瞬间出现的问题，即个人命运的独特安排，以此方式经历着一种对一个法则浅薄的、粗俗的屈服，这个法则在确立时却对它丝毫没有顾及到。将任何单个的、内容上的限定从那个至高无上的命令中排除出去的康德的公式，因此给这种情况具体的确定性提供了无限的余地。

这就是康德——尽管提出的理由有些不同——通过由道德要求的内容本质转向它们的功能本质而获得道德要求统一性的客观因素。他极力让道德行为的主观推动力避开道德行为的内容，并让道德行为的主观推动力在它自己的内部生活中，在义务意识的形式上的事实中找到自身的价值。在外部世界出现的这个事实也许会在客观上满足所有的道德要求：它是否以行为主体的一个道德价值作为基础，从它的外表上是任何时候都看不出来的，而是，以一般已经承认的方式，附着在善的和恶的**动机**的不可感知性上。但是动机之"善"还一直含有一种模棱两可性。道德地采取行动肯定是"善的"，因为我们在此之中得到快乐，因为以此方式所达到的与我们环境的和谐对我们有益，因为对人的同情和热爱使我们感动。只是由于通过这种善事和对此的欲望而得到的愉快而形成的动机，也不亚于在这些程度上具有相反的内容：我们对恶的东西也感到"有欲望"，残酷和恶毒也引发快感，最肆无忌惮的利己主义、带有极端倾向性的以身试法，也在被用来换取它们的幸福成果。面对着是以善的还是恶的内容为方向的偶然性，尽管第一种情况是如此纯粹并带来如此令人向往的成果，幸福的和直觉的动机即使在这种情况下也不具有一个行为的道德价值。一个人在何处得到他的满足，恰恰不取决于他的意志，而是取决于他必须像接受雨水和阳光那样去接受的自己的天生禀赋。时而附着在最高尚的事物上，时而附着在最卑劣的事物上的情感兴趣的偶然性，是我们要去面对道德要求的必要性的反面。但是如果情感作为有道德价值的动机起因受到排斥的话，那么对于这种动机起因来说就只剩下一个惟一的东西：必须采取行动。只**因为**它是道德的，只**因为**它是义务。符合义务的行为作为外部的实际情况（从其表面看不出它的动机）和好的事物的**吸引力**（因为同样强度的吸引力也能成为坏的事物的动机）都不具有道德的价值：只有完全出于这个行为是义务的动机而采取的行动才满足道德的要求。当康德区分出一个道德行动的两个组成部分时：这个行动实现的内容或者对象和这种实现是义务的形式上的事实，这只是通往同一个目的地的道路的另一个出发点。如果说前者构成了行为的动机，那么这个行为就其本质来讲就不是道义的，因为如果我们义务的**种种对象**在我们内心中引起了去履行它们的欲望，那么这首先需要的不是义务，而是它们出于种种其他的动机才得以实现：因为它们的现实以某种方式让我们产生兴趣，因为它们填补了我们的实存中的一个空缺，因为我们在它们向我们产生反作用时比我们没有它们时更加幸福。那么这就是说，那种履行就不必是义务了，那么它们就不是源自我们本身的自由的意志，那么如果会有其他强权威势导致它们形成，我们就会心满意足，并且它们的道德意义就会是一种实际上多余的附属品。这样的话，道德行动本身只剩下另外一个动机：实施法则就是义务，仅仅因为这是法则，至于它责成我们这样去实现的变化无穷的内容却无关紧要；这些内容的实现也许还出于其他的兴趣，这对于我们来说也许是重要的，但是道德价值只有在它的道德事实构成它的动机的情况之下才能实现。

这些定义使道德要求达到了一个原则上的统一性，那些此前曾尝试过的任何一种对道德要求的内容的综合都没有达到这样的统一性。因为一个原则上的统一性现在有了真正的共同之处，即所有这些内容，不管它们如何多种多样和千差万别，都是道德上所要求的。现在义务就不是基于这事和那物在道德上的必要性了。谁愿意将此作为对永久的时间和所有的人都具有束缚力的东西呢？而是基于人们采取行为的方式，就如它在这个或许永远不会重复出现的情景中必须是法则那样，就如它必须被想象成是一切处在这个情景中的人的义务那样。是通过这些道德的特性，而不是通过任何其他的目标内容而定义的意志的特性，不管涉及的是哪个行为，这一特性在以道德的名义被要求的地方，都以此名义被要求。我现在暂且不讨论，以此是否真的达到了一切被感到是道德的事物的统一性。我们在此感兴趣的不是批评，而是正面的事实，即问题提法的这个转折所开辟的道路，无论如何要比使道德事物的目的内容形成目的论之统一性的所有尝试，都有更加大得多的希望接近目的地。也许康德的义务概念，即为了使行为是道德的而能够把任何一个行为都想成一个普通法则的要求，还一直是过于在内容上作出的定义，或许真正普遍的道德事物必须更加极端地在纯功能性的事物那里，在行为的形式本身那里被辨识。康德甚至曾经指出关于一切道德事物之统一性的一个这样的、更伟大的、更自由的见解：在世界的内部，甚至也在世界的外部，不可能想象有任何东西能够完完全全被称为是好的，惟独有可能的是一个好的意志。所以好的意志作为我们本质的一个统一的、最终起决定性作用的、没有其他组成部分的特性而出现；比如我们说一个人妩媚，就是指此人动作的流线是纯粹从内心来定义的，他的神经支配外貌、举止，让各种不同的行为都同样富有生气，那么，意志的"善"，也就是道德，亦显示为意志过程一种直接的质量和生活形式。道德的区别从意志的内容下降到它们有生命活力的承担者那里。承担者的"善"无疑决定了对那些内容的选择；然而，不是**它们**是好的并因此而让意志成为好的，就像通常的看法所认为的那样，而只是他，作为内容或者目的的**承担者**，作为我们内心中自发的和塑造形式的力量，在自身之中有着我们称作好的和他所分给他自己内容的质量。从绝对的道德意义上去看，报效祖国或者热爱敌人、接济穷人或者遵守诺言，绝不是从一开始就是"好的"，因为意志的种种目的和题材根本不能够自动具有这种质量；而这可能是一个自发的好意志的典型的内容，**所以**它们是好的。最深层的要求当然使这个思路彻底离开了康德的道德观，然后面向人的存在，而不是直接面向单独的行动，因此经院哲学的原则就言之有理了：行为跟随存在走。只要存在在意志中表达出来，存在就要求有"好事物的"质量。对这样的质量也许不能作出一个分析和定义，它意味着意志的一个只能被体验的节奏，即它发挥作用的形式。它是怎样表现出来的，它在哪些情况下出现，它引起了内部和外部生活的哪些反应，这些我们都可能描写，实践的要求可能面向所有这种具体的好事物；但是在道德的意义上，好却只在它被看作由那种好的意志所负载时才能够成立。然后，在如此难以估量的内容的多样性中，在道德上被感觉到和被要求的事物的统一性便出现在这里。道德的种种命令只是好的意志的流出口、完成形、实体化，这与上帝的表象是宗教观点的实体化作用的表达方式具有相同的意义。现在人们也不仅会理解，一个道德要求的所有构造在目的论上包括其余的一切为什么必然失败？因为好的意志作为一个纯粹的功能，它的内容就像思维或者情感的内容一样难以预先断定，而且也会明白，为什么所有这些哲学的道德原则通常具有某种特殊的无生命之物。在一个过程的内容或者结果取代这种东西本身的地位的地方，这种东西到处都能被感觉到。其实，这些信条、宗教概念、信仰的固定表述，都显得是多么地狭隘和贫乏，如果人们用宗教中体验它们的缔造者的热烈情感和强烈程度来衡量它们的话，这种体验便以难以估量的征兆向我们发出光芒，或者从自身体验的类比法出发通过直觉可被领会！哲学体系的概念让自己身上没有体验过哲学的精神过程的人感到多么贫瘠和虚无缥缈，在这些概念中那个过程已经停滞和僵化！该过程当然是靠这些概念在运行，它们是该过程惟一可以表达出来的东西，或者也可以说是它留下来的结果；只是它们之中洋溢的生命，把这些僵滞的概念融入一种内心体验的持续性中去的创造性过程迸发的激情，直接从它们外表本身是看不出来的。它们如同曾经有过生命的躯体，内心生成的河流曾经托起过它们，而后又把它们抛向岸边；除了它们的起源成分之外再也没有了生存能力，如果允许用一个略为夸张的表达来说的话，如同一具尸体躺在那里，而那河流继续带着它们生命的秘密流淌。人们曾想用准则和命令要求内容把道德生活中的道德提取并固定下来，这些准则和命令的情况大概也没什么两样。道德恰恰不在于这些内容本身，它们在最好的情况下或许可被称为好的意志的那种内心深处的生命过程的具体结果、断断续续的和具有象征性的可加以说明的情况。从道德的根源、本身的价值来看，它根本不能与意志的物质相符，意志的物质在某种意义上却总是在意志之外，它也就不能与目标和手段的整个组织结构相符，这个组织结构的各种具体构建不管是逻辑的，还是心理的内部状态，都不会采取与躯体表达心灵不同的方式来表达伦理的意志生命。就像意志在根本上就是一个发生的事件那样，它只能被体验或者再体验，而不能由它的目的及其经过站点构造而成，好的意志也同样，虽然只是一个在内容上实现的，但是不能由它们来组成的、纯粹的功能。因此，它在概念性的道德原则的最纵深处是不能令人满意和没有生命的东西。它们停留在好的意志的内容层面上，想从这些内容中提取它们共同的东西，负载它们和驱动它们的东西，位于它们之上的统一性，而它们在原则上不**能够**成功地做到这点，因为这种本质的、关键的、运动的东西，它们之中和之上的真正统一性，根本不在这些内容的层面上形成，虽然只在它们这里具体生成、发展并因此与它们在逻辑上共同的东西的抽象概念不太一样，这如同一条线上的一个个点与构成这条线的运动连续性的运动不完全相符。

我们所意识到的关于哲学要求我们所采取的一个统一化的态度，我认为上文中的论述已经足够了。不能对朝相反方向的、面向客观此在的要求使用相同的衡量标准，这个做法有其可想而知的、扎根于实践之中的多种理由。一个理念的世界被承认为"有效的"世界，相对于它的是一个现实——这体现为向后者提出的要求，而它分成两个方向：心灵要求某种东西最终以某种方式流入世界，世界要求某种东西流入心灵。如果从这个要求出发来观察世界的话，那么哲学的意识对整体观察世界作出的反应是两种回答，它们被称为乐观主义和悲观主义。用很一般的表达来说：就乐观主义来说，世界满足几乎穿越我们的、向它自己提出的理想的要求，就悲观主义来说，它不去满足这样的要求，但绝不是它仅仅不**满足**这样的要求，也就是说，不**完全**满足它，而是不满足它是世界的原则性的和突出的本质。这种对立用粗俗的话来表达就是：世界是上帝的世界或者世界是魔鬼的世界。乐观主义从一开始就处于护卫的地位。邪恶、痛苦、缺憾和反对理想的存在方式之数目是如此之巨大，以至于"所有可能最好的世界"的护卫者承担着举证责任，而悲观主义者简直可以说不需要任何补充说明，而只需要指出那个数目就行了。甚至，他恰恰可以把不可能再有比现有世界更好的世界这个看法，视作**他**的立场的最有力的证据：因为如果连**想象**存在着一个比这个不完美的、黑暗的、充满着苦难的世界更好的世界**的可能**都没有，存在又怎样必然按照其本质，世界这个原则又怎样必然按照其最终的可能性来形成特性呢？面对这种情况，乐观主义只能撤退到宗教的庇护所里：上帝创造的世界是坏的，这个说法与上帝的善良和智慧相违背。且不论这个理由今天还能有多大的说服力，它却有一个不可低估的深刻动机：世界的承受能力从最根本上来说——同我们各种人生道路上所有的终点站一样——都建立在一种**信仰**的基础上：我们的知识和对人的信任、我们实际的目标确定和我们的评价有朝一日到达一个点，那些证明组成的链子吊在一个只以信仰为依托的环上。一系列相互交织的、可以称之为世界的承受能力的情感和想法的情况大概也同样如此。世界必须是好的，因为它是上帝创造的，这最终只是人内心深处的必要性的幼稚表达，即用一个信仰来支持知识的最终点——只不过人类的发展将这个点越推越远，而且科学不允许把它毫无保留地确定下来。不过除去神学的原因，乐观主义的思路能够开辟两条道路，其中一条可以说是通过世界组成部分的毗邻并列，另一条是通过世界组成部分的先后连接。前一条道路与世界的"整体"及其与世界的各个具体部分的差别的理念紧密相连。被孤立地观察的组成部分可能具有低微和消极的价值；这没有阻止它在保持与整体的关联时为整体的总目标服务，它与所有其他的成分共同组成了一种和谐，这种和谐在它这里因其个别的偶然性也不能按比例来断定。在零零散散的现象中我们千百次地经历了这些：例如自身痛苦的牺牲如何决定了最终的收获，个人肆无忌惮的利己主义的意图如何使社会得益，甚至最极度的痛苦如何产生了一般无法实现的、使生命变得深刻和高尚的结果。为什么这些就不应该是世界观的类型？尽管卑鄙和邪恶的经验是如此地惊心动魄，但它们仍然是个别现象的总和，就像用一个单一的笔画难以得出图画整体的本质那样，这些个别现象也很少能够预先确定存在的统一整体的性质。这个想法的核心不是——总有些幼稚的——衡量世界上好与坏的东西，而是个别现象的总和给它们作为组成部分进入有机统一体充分留有一个独立于它们的特色和价值意义的自由。当这个论断与另一个论断结合在一起时：悲观主义总想用此在中所有坏的、充满苦痛的、令人不满意的东西证明一种个别现象，不管是一个多么巨大和多么无法估量的个别现象，作为世界观的悲观主义的证明力量就成了问题；仅仅以此来证实乐观主义的世界观，显然是个骗局。人们在这个问题上也许根本就必须撇开"证明"一说；不过，区别总还是在于考虑是否就像在这里似的只是导致一种不明的案情，或者一个正面的动机是否赞同这一个方面，即使它的力量不能把我们一直带到必要的坚定信念的终点。这些看起来似乎对乐观主义的另一个扎根于发展思想之中的可能性有效。人们可能承认，世界，尤其是存在、人的命运和表现完全满足不了理想的要求；但是同样难以证明，要求和真实状态之间的关系是一种在本质上稳定的关系，并且真实状态没有朝着要求的方向往上运动着。这本身当然是一个毫无结果的思考可能性，但它要么通过形而上学的理念，即在每个事物中，它的尽善尽美都作为欲望和永远不会穷尽的定义设置在其中，要么通过进化的生物学理念获得的一个内容和一个生命。

前者体现在莱布尼茨抽象推论的思潮中。每个单子自始至终在自身中拥有它有朝一日会成为和有朝一日会出现在它身上的一切的活力，因为单子永远只会具有内部的状态。现在或许就可以想象出一个生灵的潜在能量的一种安排设置，即它的施展按照它的自然秩序将这个生灵从不完美的状况引向越来越完美的状况，就像在有机体的生长中出现的情况那样，即使这类情况也就是些零零散散的现象。照此类推，人们可以把世界在整体上和它的所有组成部分上想象成受一种"形式欲望"的引导，不管我们是否判断这个要求的一个个内容陷于主观和谬误之中，这个欲望始终不偏离我们向此提出的理想要求的方向。被我们视为内部和外部的不完美还只是一种未出现的状态，一个转折点，一个起损坏形象作用的外壳，事物完全自动地一块一块从自身将它剥落。心灵自身感觉到的是：自己在一种思想的预先勾勒中完成的形式从一开始就存在它自身之中并只需要施展出来，一切卑鄙、邪恶、痛苦不堪的东西在它之中只是它内部的"髑髅地"①的各个站点，这个髑髅地的方向总是完全自动地把它们带到纯粹的和去拯救的高度，这大概就是此在的形而上学的命运。乐观主义观点提出的关于生物体持续增长的适应性和目的性的学说所陈述的生物学解释已经广

---

① 髑髅地（Kalvarienberg）是耶路撒冷城外的小山。据《圣经》记载，这里为耶稣受难之地。——译注

为人知。这种发展肯定只涉及生物体，可以说只涉及主体本身，不涉及它们周边的世界，而理想的要求却同时在为世界的尽善尽美作出努力。只是因为问题的关键在于人和世界的一种**关系**，所以世界有可能保持它的原样，因为这种关系的任何一个结果都有可能达到，如果只有这一个因素，即这个主观的因素有足够的可变性的话。人们现在如何来设想这种可变性和它对于人适应世界的利用的情况，是否按照达尔文的看法或者在另外一种意义上：生命的理所当然的必要性是变得"更好"，并因此让不变的世界在与自己所处的关系中变得"更好"。这种信念的自然科学的和历史的解释建立在一个深层次的乐观主义基础之上，但无论如何它又从自己方面为这个乐观主义作出了解释。生命根据自己的意义和在它最内在的能量中有着使它本身在数量上变得更多和超越每个现在时刻的可能、努力和保障，生命的这个图像是现代精神的慰藉和永不失去的东西，尼采让现代精神中这种永不失去的东西成为照亮整个心灵景观的明灯。生命中所有这些痛苦和缺陷都被悲观主义作为依据，它们现在不仅仅是生命以适量多的方式，即通过更多的美、更多的世界财富，来克服漏洞和缺陷，而是它们内心中必要的转折点，它们之中的每一个在自己的位置上相对来说都是最好的，是生命现在可能达到的高度，并且也正因为如此才能够通往一个更高层次的梯级高度。

在生命本身的这个秘密中和在生命不仅作出，而且也实现的承诺中，包含着使悲观主义不能成立的理由，但是它们之中也同样包含着悲观主义本身用它们来形成的最深邃的理由。对于叔本华来说，生命无非就是意味着意志；它不**能**意味别的东西。因为存在总而言之对他来说只是意味着意志。当然他没有把意志的心灵现象按照人神同形同性论和拜物教作为世界的基础，而只是到处把它看作是模糊不清的渴求，永无止境的使然，毫无目的和无休无止的变化，在我们内心之中以意识的形式出现的东西被叫作意志，而且也因此可以以其形而上学的绝对性而获得这个名称。这个意义上的意志即是世界这个"自在之物"，而且它对于形成我们各自个性的种种截然不同的理解形式来说是生疏的，因此它只可能是**一个**意志。它作为绝对的统一性，除了自己之外没有任何东西用来满足自己的渴望，抑制自己没**有**的却**是**躁动。它只能靠自我消耗来维系自己，而生命作为存在最强劲的形式，也是意志的最高形式。因而，每个生灵为了在下一个时刻进行新的争夺都需要另外一个他者；活着的意志成为他自身的养分；在千变万化的乔装打扮中它也总是超不出自己的范围，因为在它之外没有任何东西。最高意识之地，人类，是意志的这种自我赡养所达到的最高境界的展现场所，意志的统一性排除了它被满足的可能性：人把整个大自然看作满足他们消费的一·个产品，在他们之间激烈地进行着只是拙劣地掩盖着的、暂时休战的每个人针对每个人的斗争。意志永远也不能够得到满足，只是意识给意志带来的客体可以变换。所以，我们常常会感到，达到一个一时的目的似乎最终满足了我们的意志，而这种达到的目的在经过或短或长的时间之后令我们感到失望而让位于另一个追求。因为此在总是只产生意志，并永远不能够满足意志，其原因在于它始终停留于意志，所以世界从它最深的根基来看"不比任何一个世界更坏"。正因为如此，感知着的生命注定要受不可消除的痛苦；因为感知着的生命在最佳情况下能够达到的东西是意志被满足，但是完全在意志和生命的和谐之外显然是不能达到的。这就是说，由不拥有，由短缺而引起的痛苦被消除。一切幸福感就其本质来看无非是摆脱一种苦痛、一种窘迫、一种负面的东西，即便是意志和生命根本就没有存在过，这种东西也恰恰会使我们受益。

这条思路根本经不起一驳。我们的幸福只是对种种意愿的满足，这个看法是不正确的；不仅有我们对某些我们根本不"愿意"的事物感到幸福的情况，而且，意志、追求、未卜先知的先人一步之悦，常常让我们感到一种幸福，这种幸福与几乎是物质的意志"满足"完全无关。但是在悲观主义和乐观主义面前，明智的证据的反驳都显得不那么重要。关键在于两者面对作为理想要求之地的生命所表现出的不加掩饰的真实态度。从生命的多义性中恰恰只看得出痛苦所占据的优势，即我们努力的前景渺茫，而坚信生命无价值的想法和认为任何缺陷都是拥有财富的前期阶段，任何痛苦对于存在和行动迈向更高阶段的价值都无关紧要，而坚信生命有价值的想法——这些都是对立的心灵基本特性的表达，所以无法和解协调成一个"更高的统一性"。人们仍然可以称之为其统一性的东西却又不是位于一个理论之中，而是位于心灵的体验之中，心灵在这两个极端的表达之中看到了它自己在对生命的绝望和对生命的欢呼之间摆动的此在的两极。①

在本章全部的讨论中或许已经让人感到主旨所在：世界向我们提出的要求和我们向世界提出的要求在内心深处是联合在一起的；人们称作人生观的东西到处都以理想的要求这两个方向之间的某种关系为基础。这不费力气就显而易见，因为人们用有些过时的说法来说明美德和内心幸福感的价值之间的比例关系，已成了哲学道德的一个或者可能是惟一基本主题。在两个要求之上提出了将它们两者合为一体、以某种方式将它们作为一体来理解的新要求，甚至在一方被否定的地方，这个新要求也存在着，就像只对我们提出一个存在和行动的要求，但是否认向世界提出任何企求和世界为我们所做的工作的苦行主义世界观那样。也许我们的行动这一方和我们的世界观那一方都没有成功地将两个要求包容进形而上学的全貌中；

---

① 这几句话摘自我在《叔本华和尼采》(*Schopenhauer und Nietzsche*)中的有关论述。

或许总是必须留有剩余部分，不仅在任何要求本身这里，而且在我们所追求的两者的统一性那里也同样如此。消除这个剩余部分是信仰的事情，是恩赐的事情。此剩余部分标示出超然于哲学领域的边界，宗教的涓涓泉流源头在此。

图书在版编目（CIP）数据

哲学的主要问题/（德）格奥尔格·西美尔著；钱敏汝译. —北京：北京师范大学出版社，2021.5
（西美尔作品系列）
ISBN 978-7-303-26870-2

Ⅰ.①哲… Ⅱ.①格…②钱… Ⅲ.①哲学－德国－近代－文集 Ⅳ.①B516.49

中国版本图书馆 CIP 数据核字（2021）第 050617 号

营 销 中 心 电 话	010-58808006
北京师范大学出版社谭徐锋工作室微信公众号	新史学 1902

ZHEXUE DE ZHUYAO WENTI

出版发行：北京师范大学出版社　www.bnup.com
　　　　　北京市西城区新街口外大街 12－3 号
　　　　　邮政编码：100088
印　　刷：鸿博昊天科技有限公司
经　　销：全国新华书店
开　　本：880 mm ×1230 mm　1/32
印　　张：5.75
字　　数：104 千字
版　　次：2021 年 5 月第 1 版
印　　次：2021 年 5 月第 1 次印刷
定　　价：50.00 元

策划编辑：谭徐锋　　　责任编辑：曹欣欣　于东辉
美术编辑：王齐云　　　装帧设计：王齐云
责任校刘：段立超　　　责任印制：马　洁